Impressum
Verlag: BABADADA GmbH, Nedderfeld 112 , 22529 Hamburg
Geschäftsführer / Verlagsleitung: Harald Hof
Druck: Books on Demand GmbH, In de Tarpen 42, 22848 Norderstedt

Imprint
Publisher: BABADADA GmbH, Nedderfeld 112 , 22529 Hamburg, Germany
Managing Director / Publishing direction: Harald Hof
Print: Books on Demand GmbH, In de Tarpen 42, 22848 Norderstedt

σχολείο

школа

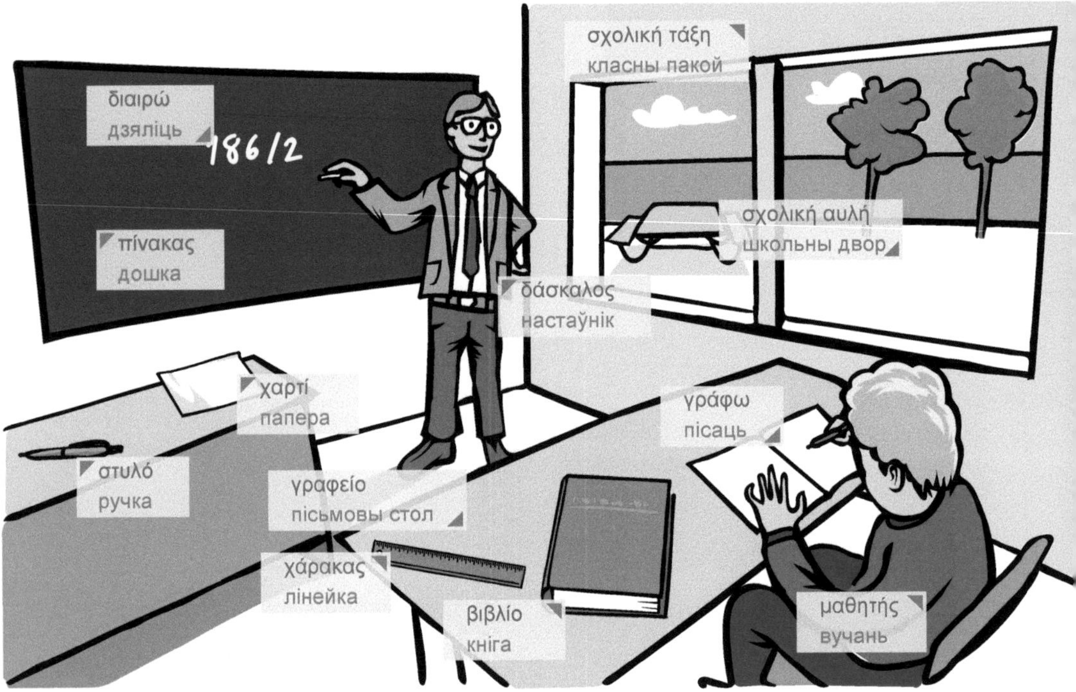

σχολική τάξη
класны пакой
διαιρώ
дзяліць
186/2
πίνακας
дошка
σχολική αυλή
школьны двор
δάσκαλος
настаўнік
χαρτί
папера
γράφω
пісаць
στυλό
ручка
γραφείο
пісьмовы стол
χάρακας
лінейка
βιβλίο
кніга
μαθητής
вучань

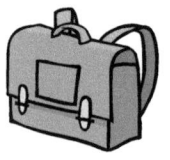

σχολική τσάντα

ранец

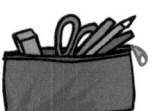

κασετίνα/ μολυβοθήκη

пенал

μολύβι

просты аловак

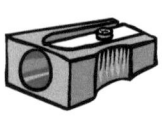

ξύστρα

тачылка для алоўкаў

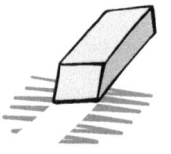

γόμα

гумка

μπλοκ ζωγραφικής

альбом для малявання

ζωγραφική

малюнак

πινέλο

пэндзлік

κουτί χρωμάτων

фарбы

ψαλίδι

нажніцы

κόλλα

клей

τετράδιο ασκήσεων

сшытак

εργασία για το σπίτι

хатняе заданне

αριθμός

лік

προσθέτω

дадаваць

αφαιρώ

адымаць

πολλαπλασιάζω

множыць

υπολογίζω

лічыць

γράμμα

літара

αλφάβητο

алфавіт

λέξη

слова

κείμενο

τэкст

διαβάζω

чытаць

κιμωλία

крэйда

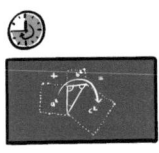

μάθημα

ўрок

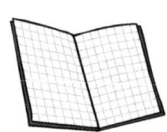

εγγράφομαι

класны журнал

τεστ

экзамен

πιστοποιητικό

атэстат

μαθητική στολή

школьная форма

εκπαίδευση

адукацыя

εγκυκλοπαίδεια

энцыклапедыя

πανεπιστήμιο

універсітэт

μικροσκόπιο

мікраскоп

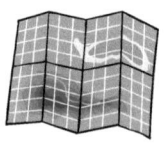

χάρτης

карта

καλάθι αχρήστων

смеццевы кошык

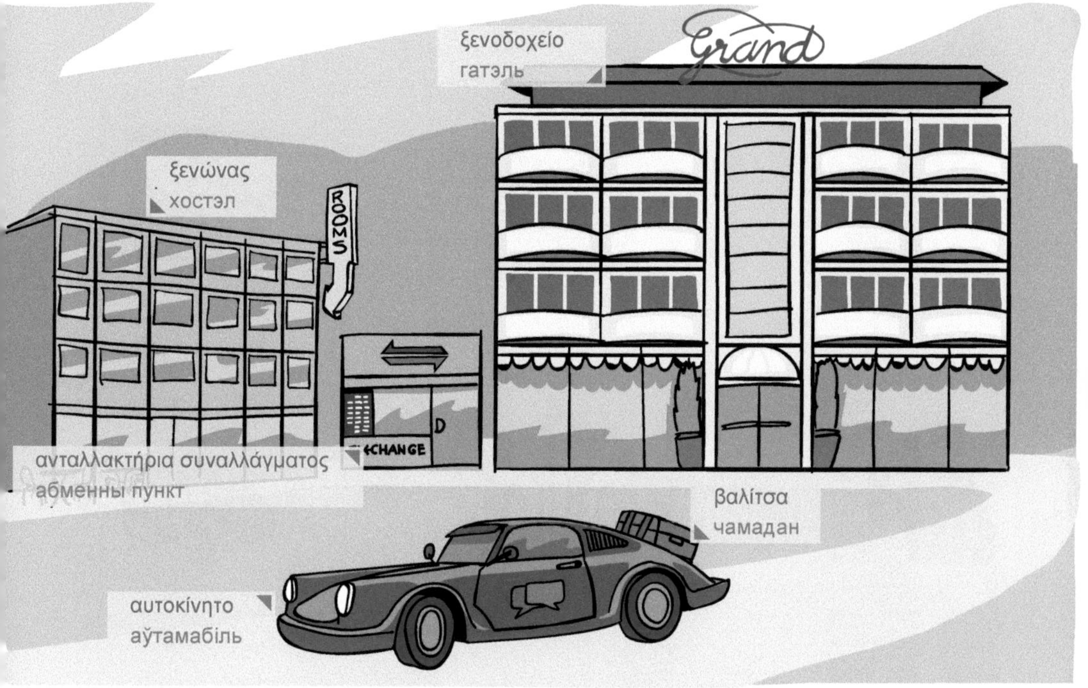

ξενοδοχείο
гатэль
Grand
ξενώνας
хостэл
ROOMS
ανταλλακτήρια συναλλάγματος
абменны пункт
βαλίτσα
чамадан
αυτοκίνητο
аўтамабіль

γλώσσα

мова

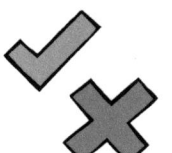

ναι / όχι

так / не

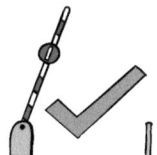

εντάξει

добра

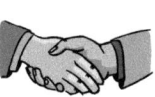

γεια σου

прывітанне!

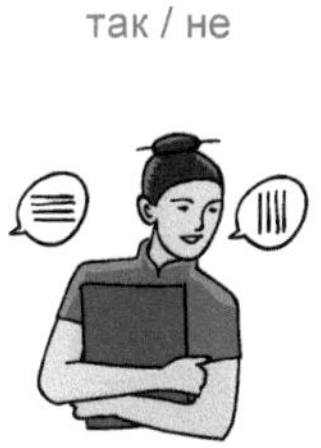

μεταφραστής

перекладчык

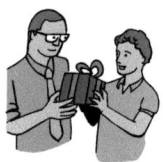

Ευχαριστώ

дзякуй

πόσο κάνει ;

Колькі каштуе....?

Δε καταλαβαίνω

я не разумею

πρόβλημα

праблема

Καλησπέρα!

Добры вечар!

Καλημέρα!

Добрай раніцы!

Καληνύχτα!

Дабранач!

Αντίο

да пабачэння

κατεύθυνση

кірунак

αποσκευές

багаж

τσάντα

сумка

σακίδιο πλάτης

заплечнік

καλεσμένος

госць

δωμάτιο

пакой

υπνόσακος

спальны мяшок

σκηνή

палатка

τουριστικές πληροφορίες

ίнфармацыя для турыстаў

παραλία

пляж

πιστωτική κάρτα

крэдытная картка

πρωινό

снеданне

μεσημεριανό

абед

δείπνο

вячэра

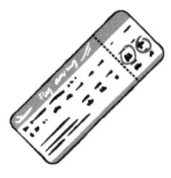

εισιτήριο

праязны білет

ανελκυστήρας

ліфт

γραμματόσημο

паштовая марка

σύνορα

мяжа

τελωνείο

мытня

πρεσβεία

пасольства

βίζα

віза

διαβατήριο

пашпарт

ταξίδι - падарожжа

μεταφορά

транспарт

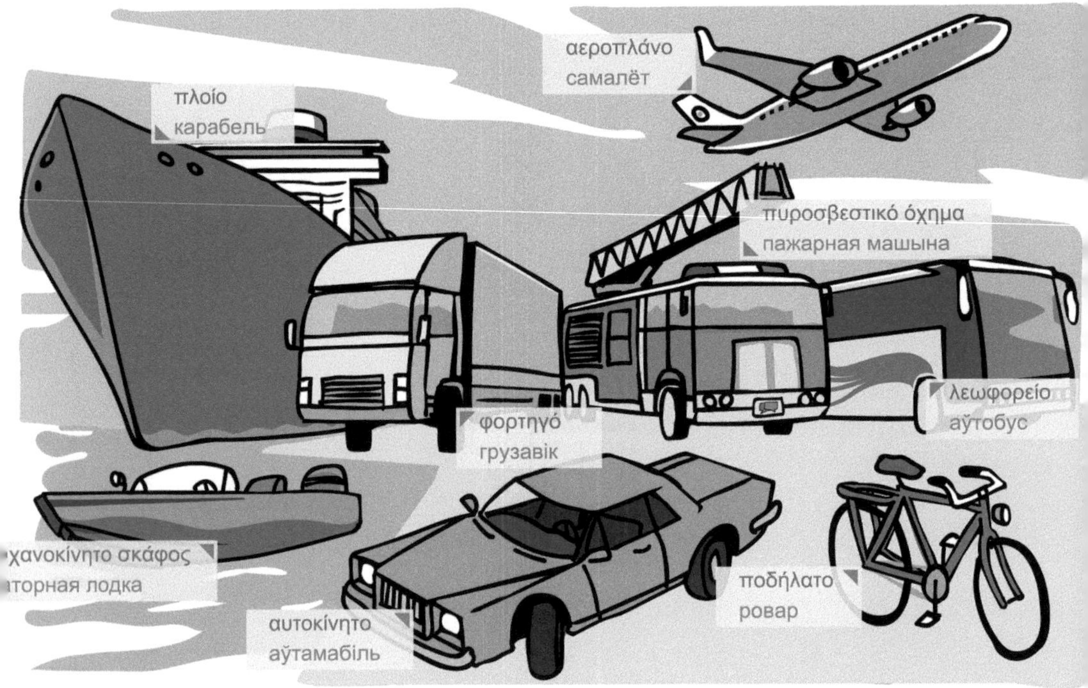

αεροπλάνο
самалёт
πλοίο
карабель
πυροσβεστικό όχημα
пажарная машына
λεωφορείο
аўтобус
φορτηγό
грузавік
χανοκίνητο σκάφος
аторная лодка
ποδήλατο
ровар
αυτοκίνητο
аўтамабіль

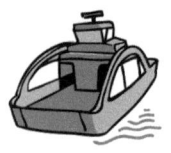

φεριμπότ

паром

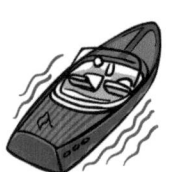

βάρκα

лодка

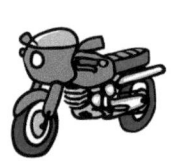

μοτοσικλέτα

матацыкл

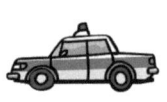

περιπολικό

паліцэйская машына

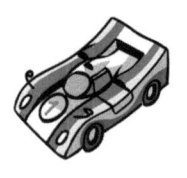

αγωνιστικό αυτοκίνητο

гоначны аўтамабіль

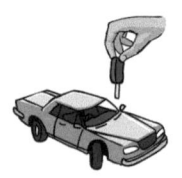

ενοικιαζόμενο αυτοκίνητο

арэндаваны аўтамабіль

διαμοιρασμός αυτοκινήτων

σумеснае карыстанне аўтамабілем

γερανός

эвакуатар

απορριμματοφόρο

смеццявоз

κινητήρας

матор

καύσιμο

паліва

βενζινάδικο

заправка

πινακίδα σήμανσης

дарожны знак

κυκλοφορία

дарожны рух

κυκλοφοριακή συμφόρηση

затор

χώρος στάθμευσης

паркоўка

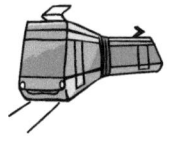

σιδηροδρομικός σταθμός

чыгуначная станцыя

σιδηροδρομικές γραμμές

рэйкі

τρένο

цягнік

τραμ

трамвай

βαγόνι

вагон

ελικόπτερο

верталёт

αεροδρόμιο

аэрапорт

πύργος

вежа

επιβάτης

пасажыр

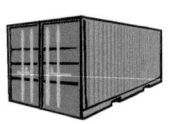

εμπορευματοκιβώτιο

кантэйнер

χαρτοκιβώτιο

кардонная скрыня

καρότσι

тачка

καλάθι

карзіна

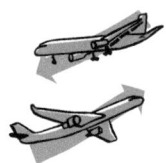

απογειώνομαι /
προσγειόνομαι

ўзлятаць / прызямляцца

πόλη
горад

χωριό

вёска

κέντρο της πόλης

цэнтр горада

σπίτι

дом

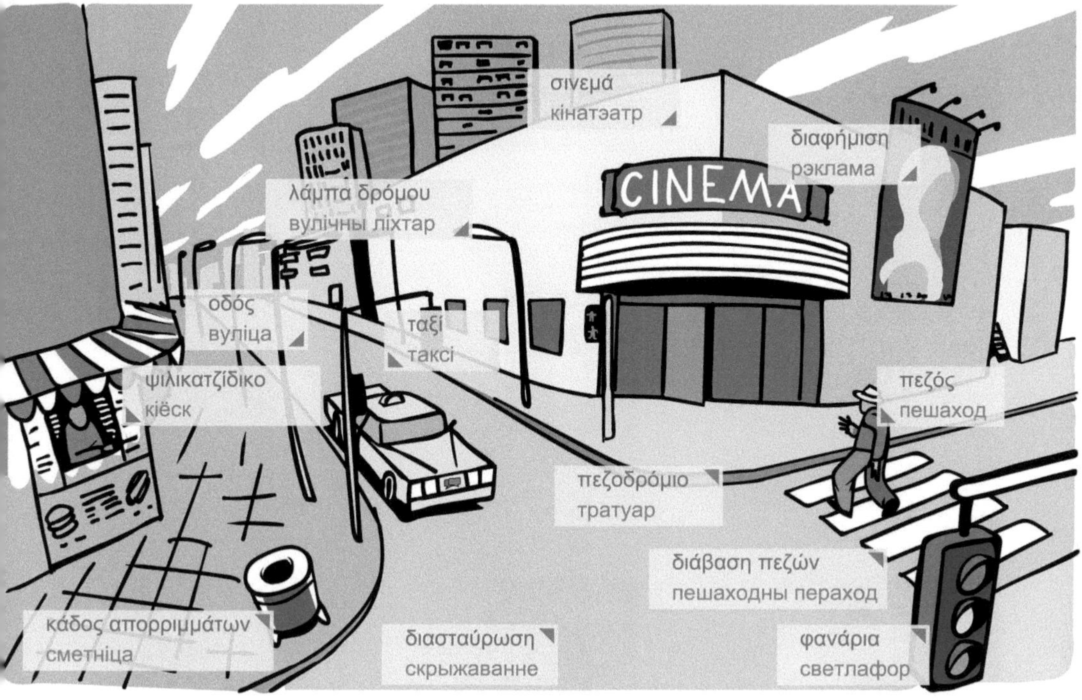
σινεμά
кінатэатр
διαφήμιση
рэклама
CINEMA
λάμπα δρόμου
вулічны ліхтар
οδός
вуліца
ταξί
таксі
ψιλικατζίδικο
кіёск
πεζός
пешаход
πεζοδρόμιο
тратуар
διάβαση πεζών
пешаходны пераход
κάδος απορριμμάτων
сметніца
διασταύρωση
скрыжаванне
φανάρια
светлафор

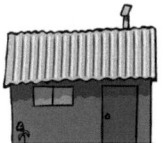

καλύβα

халупа

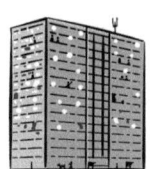

διαμέρισμα

кватэра

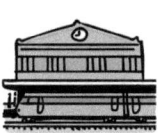

σιδηροδρομικός σταθμός

чыгуначная станцыя

δημαρχείο

ратуша

MUSEUM

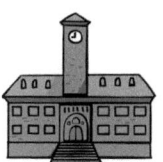

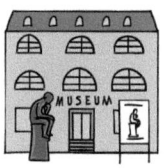

μουσείο

музей

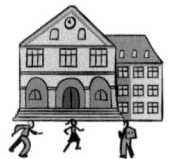

σχολείο

школа

πανεπιστήμιο

універсітэт

τράπεζα

банк

νοσοκομείο

шпіталь

ξενοδοχείο

гатэль

φαρμακείο

аптэка

γραφείο

офіс

βιβλιοπωλείο

кнігарня

κατάστημα

крама

ανθοπωλείο

кветкавая крама

σούπερ μάρκετ

супермаркет

αγορά

кірмаш

πολυκατάστημα

універмаг

ιχθυοπωλείο

рыбная крама

εμπορικό κέντρο

гандлевы цэнтр

λιμάνι

порт

πάρκο

парк

παγκάκι

лава

γέφυρα

мост

σκάλες

лесвіца

μετρό

метро

τούνελ

тунэль

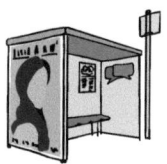

στάση λεωφορείου

прыпынак

μπαρ

бар

εστιατόριο

рэстаран

γραμματοκιβώτιο

паштовая скрыня

πινακίδα δρόμου

вулічны паказальнік

παρκόμετρο

паркамат

ζωολογικός κήπος

заапарк

πισίνα

басейн

τζαμί

мячэць

αγρόκτημα

σядзіба

ρύπανση

забруджванне
навакольнага асяроддзя

νεκροταφείο

могілкі

εκκλησία

царква

παιδική χαρά

пляцоўка для гульні

ναός

храм

τοπίο

краявід

φύλλο
ліст

πινακίδα κατεύθυνσης
паказальнік

δρόμος
дарога

λιβάδι
луг

πέτρα
камень

δέντρο
дрэва

πεζοπόρος
падарожнік

ποτάμι
рака

χορτάρι
трава

λουλούδι
кветка

κοιλάδα
даліна

λόφος
гара

λίμνη
возера

δάσος
лес

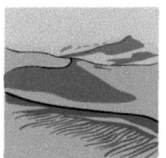

έρημος
пустыня

ηφαίστειο
вулкан

κάστρο
замак

ουράνιο τόξο
вясёлка

μανιτάρι
грыб

φοίνικας
пальма

κουνούπι
камар

μύγα
муха

μυρμήγκι
мурашка

μέλισσα
пчала

αράχνη
павук

τοπίο - краявід

σκαθάρι

жук

βάτραχος

жаба

σκίουρος

вавёрка

σκαντζόχοιρος

вожык

λαγός

заяц

κουκουβάγια

сава

πουλί

птушка

κύκνος

лебедзь

αγριογούρουνο

дзік

ελάφι

алень

άλκη

лось

φράγμα

плаціна

ανεμογεννήτρια

вятрак

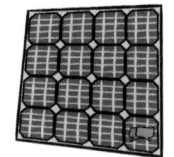

ηλιακός συλλέκτης

сонечная батарэя

κλίμα

клімат

σερβιτόρος
афіцыянт

κατάλογος
меню

καρέκλα
крэсла

σούπα
суп

πίτσα
піца

μαχαιροπίρουνα
сталовыя прыборы

τραπεζομάντιλο
абрус

ορεκτικό
закуска

κύριο πιάτο
другая страва

επιδόρπιο
дэсерт

ποτά
напоі

φαγητό
ежа

μπουκάλι
бутэлька

φαστ φουντ

хуткае харчаванне (фаст-фуд)

φαγητό στ' όρθιο

стрыт-фуд

τσαγιέρα

імбрык (чайнік)

δοχείο ζάχαρης

цукарніца

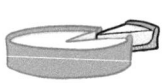

μερίδα

порцыя

μηχανή εσπρέσο

эспрэса-машына

ψηλή καρέκλα

дзіцячае крэселка

λογαριασμός

рахунак

δίσκος

паднос

μαχαίρι

нож

πιρούνι

відэлец

κουτάλι

лыжка

κουταλάκι του τσαγιού

чайная лыжка

πετσέτα φαγητού

сурвэтка

ποτήρι

шклянка

πιάτο

талерка

πιάτο σούπας

супавая талерка

πιατάκι φλιτζανιού

сподак

σάλτσα

соус

αλατιέρα

сальніца

μύλος για πιπέρι

млынок для перцу

ξύδι

воцат

λάδι

алей

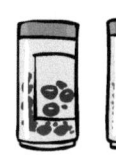

μπαχαρικά

спецыі

κέτσαπ

кетчуп

μουστάρδα

гарчыца

μαγιονέζα

маянэз

σούπερ μάρκετ

супермаркет

προσφορά
акцыя
FOR
πελάτης
пакупнік
γαλακτοκομικά προϊόντα
малочныя прадукты
φρούτα
садавіна
καρότσι για ψώνια
вазок

BUTCHERS

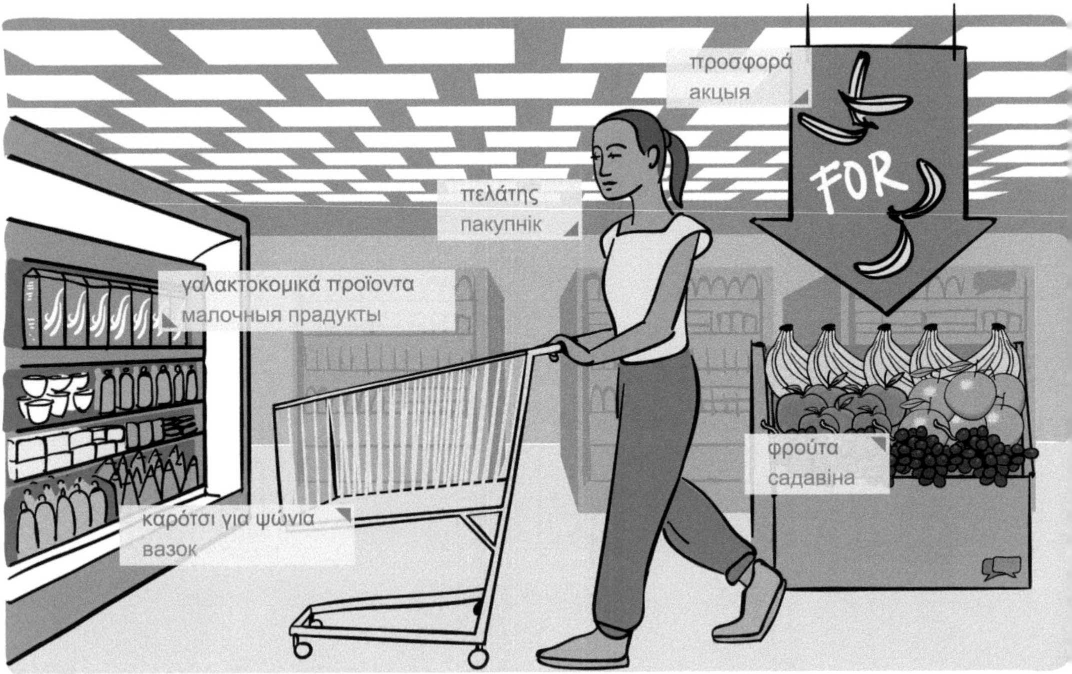

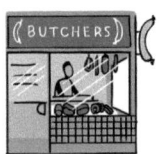

κρεοπωλείο

мясная крама

BAKERY

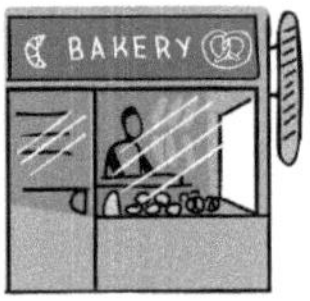

φούρνος

хлебны магазін

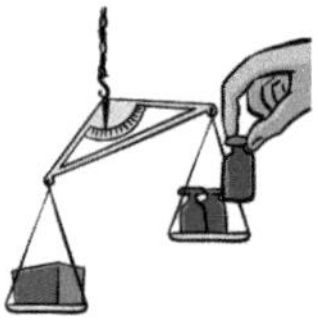

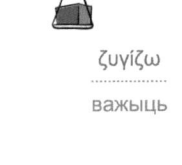

ζυγίζω

важыць

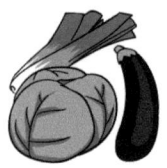

λαχανικά

гароднiна

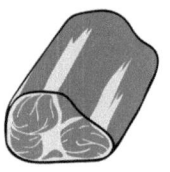

κρέας

мяса

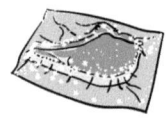

κατεψυγμένα τρόφιμα

свежазамарожаныя прадукты

αλλαντικά

νарэзка

κονσερβοποιημένη τροφή

кансервы

απορρυπαντικό ρούχων

пральны парашок

γλυκά

прысмакі

οικιακά είδη

хатнія прылады

καθαριστικά προϊόντα

чысцячы сродак

πωλήτρια

прадавец

ταμείο

каса

ταμίας

касір

λίστα για ψώνια

спіс пакупак

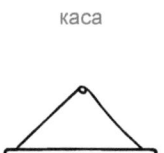

ωράριο λειτουργίας

гадзіны працы

πορτοφόλι

бумажнік

πιστωτική κάρτα

крэдытная картка

τσάντα

сумка

πλαστική σακούλα

пакет

νερό

вада

χυμός

сок

γάλα

малако

κόκα κόλα

кола

κρασί

віно

μπίρα

піва

αλκοόλ

алкаголь

κακάο

какава

τσάι

гарбата (чай)

καφές

кава

εσπρέσο

эспрэса

καπουτσίνο

капучына

μπανάνα

банан

μήλο

яблык

πορτοκάλι

апельсін

πεπόνι

дыня

λεμόνι

лімон

καρότο

морква

σκόρδο

часнок

μπαμπού

бамбук

κρεμμύδι

цыбуля

μανιτάρι

грыб

ξηροί καρποί

арэхі

νουντλς

локшына

μακαρόνια

спагеці

ρύζι

рыс

σαλάτα

салата

πατατάκια

бульба фры

τηγανητές πατάτες

смажаная бульба

πίτσα

піца

χάμπουργκερ

гамбургер

σάντουιτς

бутэрброд

κοτολέτα

шніцаль

ζαμπόν

вяндліна

σαλάμι

салямі

λουκάνικο

каўбаса

κοτόπουλο

курыца

ψητό

смажаніна

ψάρι

рыбак

χυλός βρώμης

аўсяныя камякі

μούσλι

мюслі

κορν φλέικς

кукурузныя шматкі

αλεύρι

мука

κρουασάν

круасан

ψωμάκι

булачка

ψωμί

хлеб

τοστ

тост

μπισκότα

пячэнне

βούτυρο

масла

τυρόπηγμα

тварог

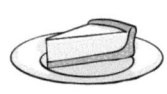

κέικ

пірог

αυγό

яйка

τηγανητό αυγό

яечня

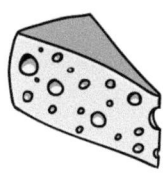

τυρί

сыр

παγωτό

μαρожанае

ζάχαρη

цукар

μέλι

мёд

μαρμελάδα

варэнне

άλλειμμα σοκολάτας

нуга

κάρυ

кары

αγρόκτημα

сядзіба

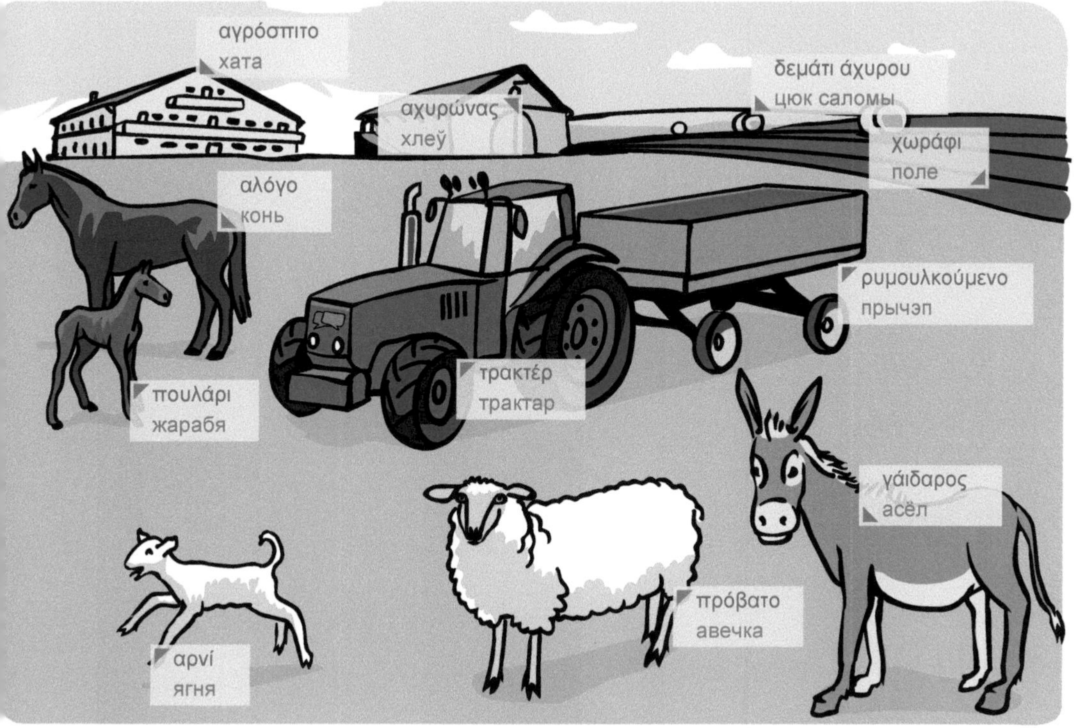
αγρόσπιτο
хата
δεμάτι άχυρου
цюк саломы
αχυρώνας
хлеў
χωράφι
поле
αλόγο
конь
ρυμουλκούμενο
прычэп
τρακτέρ
трактар
πουλάρι
жарабя
γάιδαρος
асёл
πρόβατο
авечка
αρνί
ягня

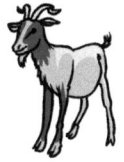

κατσίκα

каза

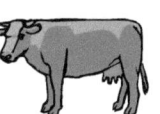

αγελάδα

карова

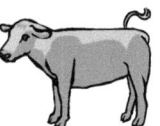

μοσχαράκι

цяля

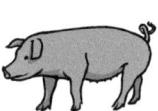

γουρούνι

свіння

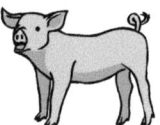

γουρουνάκι

парася

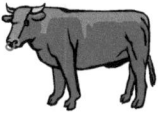

ταύρος

бык

χήνα

гусак

πάπια

качка

κοτοπουλάκι

кураня

κότα

курыца

κόκορας

певень

αρουραίος

пацук

γάτα

кот

ποντίκι

мыш

βόδι

вол

σκύλος

сабака

σπιτάκι σκύλου

сабачая будка

λάστιχο κήπου

садовы шланг

ποτιστήρι

палівачка

θεριστήρι

каса

αλέτρι

плуг

δρεπάνι

серп

τσάπα

матыка

δίκρανο

вілы для гною

τσεκούρι

сякера

χειράμαξα

тачка

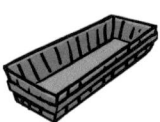

ταΐστρα

карыта

δοχείο γάλακτος

бітон для малака

σάκος

мех

φράχτης

плот

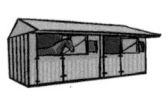

στάβλος

хлеў

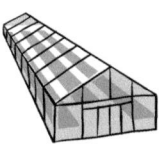

θερμοκήπιο

цяпліца

έδαφος

глеба

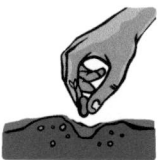

σπόρος

насенне

λίπασμα

угнаенне

θεριζοαλωνιστική μηχανή

камбайн

αγρόκτημα - сядзіба

θερίζω

збіраць ураджай

συγκομιδή

ураджай

γιαμς

ямс

σιτάρι

пшаніца

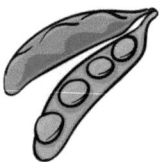

σόγια

соя

πατάτα

бульба

καλαμπόκι

кукуруза

κράμβη

рапс

οπωροφόρο δέντρο

садовае дрэва

μανιόκα

маніёк

δημητριακά

збожжа

αγρόκτημα - сядзіба

σπίτι

дом

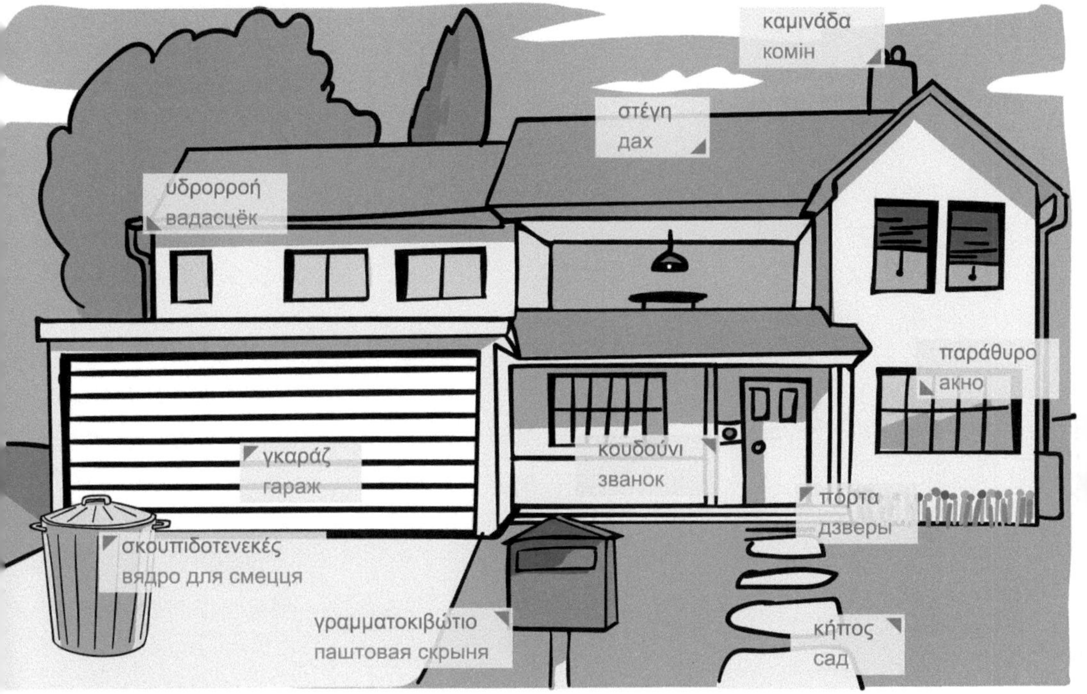
καμινάδα
комін
στέγη
дах
υδρορροή
вадасцёк
παράθυρο
акно
γκαράζ
гараж
κουδούνι
званок
πόρτα
дзверы
σκουπιδοτενεκές
вядро для смецця
γραμματοκιβώτιο
паштовая скрыня
κήπος
сад

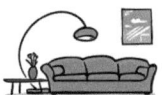

σαλόνι

жылы пакой

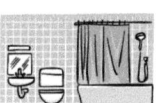

μπάνιο

ванная

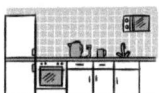

κουζίνα

кухня

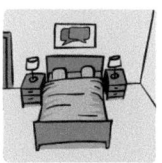

υπνοδωμάτιο

спальны пакой

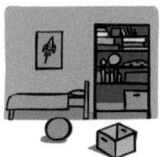

παιδικό δωμάτιο

дзіцячы пакой

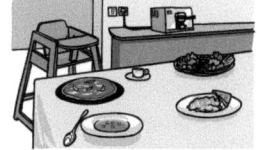

τραπεζαρία

сталоўка

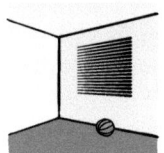

πάτωμα

падлога

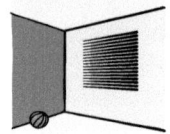

τοίχος

сцяна

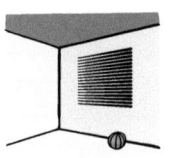

οροφή

столь

κελάρι

падвал

σάουνα

саўна

μπαλκόνι

балкон

βεράντα

тэраса

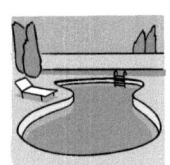

πισίνα

басейн

μηχανή του γκαζόν

касілка

σεντόνι

падкоўдранік

κάλυμμα κρεβατιού

коўдра

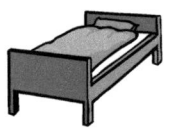

κρεβάτι

ложак

σκούπα

венік

κουβάς

вядро

διακόπτης

выключальнік

σαλόνι
жылы пакой

ταπετσαρία
шпалеры
φωτογραφία
малюнак
λάμπα
лямпа
ράφι
паліца
ντουλάπι
шафа
τηλεόραση
тэлевізар
τζάκι
камін
λουλούδι
кветка
μαξιλάρι
падушка
καναπές
канапа
βάζο
ваза
τηλεκοντρόλ
пульт

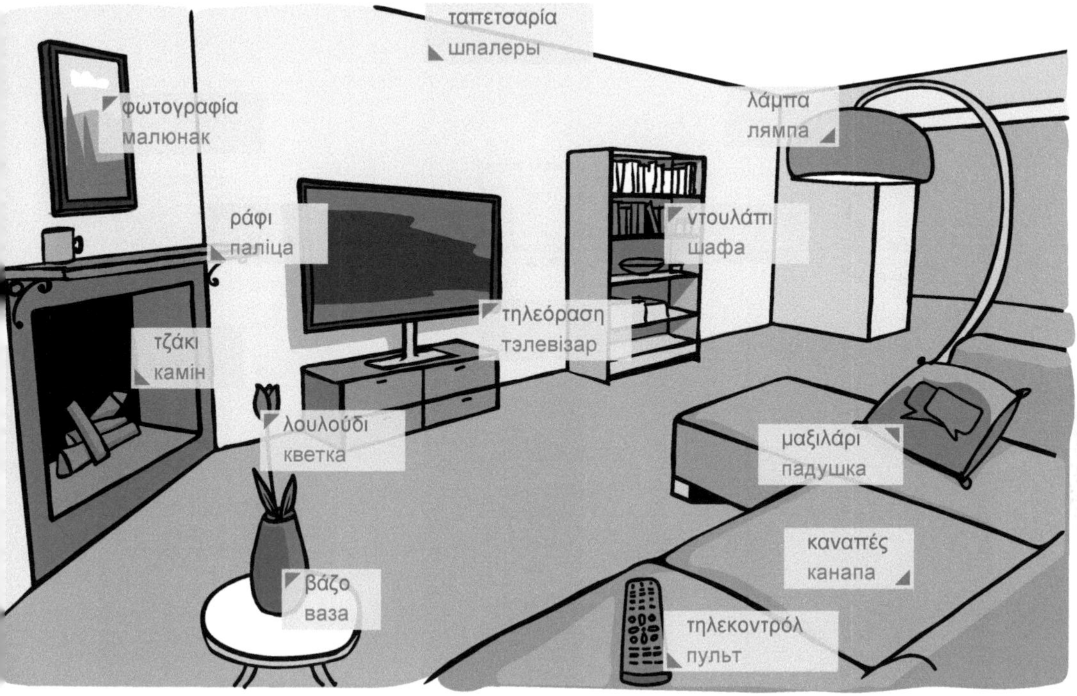

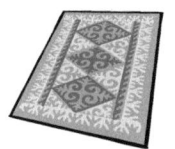

χαλί

дыван

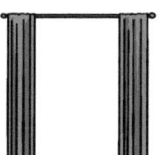

κουρτίνα

фіранка

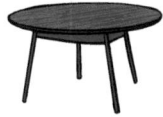

τραπέζι

стол

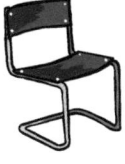

καρέκλα

крэсла

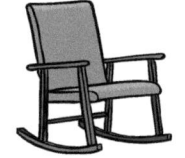

κουνιστή πολυθρόνα

крэсла-качалка

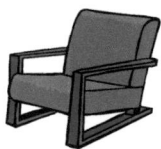

πολυθρόνα

крэсла

βιβλίο

кніга

κουβέρτα

коўдра

διακόσμηση

дэкарацыя

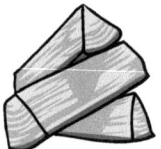

καυσόξυλα

дровы

ταινία

кіно

στερεοφωνικό σύστημα

стэрэасістэма

κλειδί

ключ

εφημερίδα

газета

πίνακας ζωγραφικής

карціна

αφίσα

постар

ραδιόφωνο

радыё

σημειωματάριο

нататнік

ηλεκτρική σκούπα

пыласос

κάκτος

кактус

κερί

свечка

κουζίνα
кухня

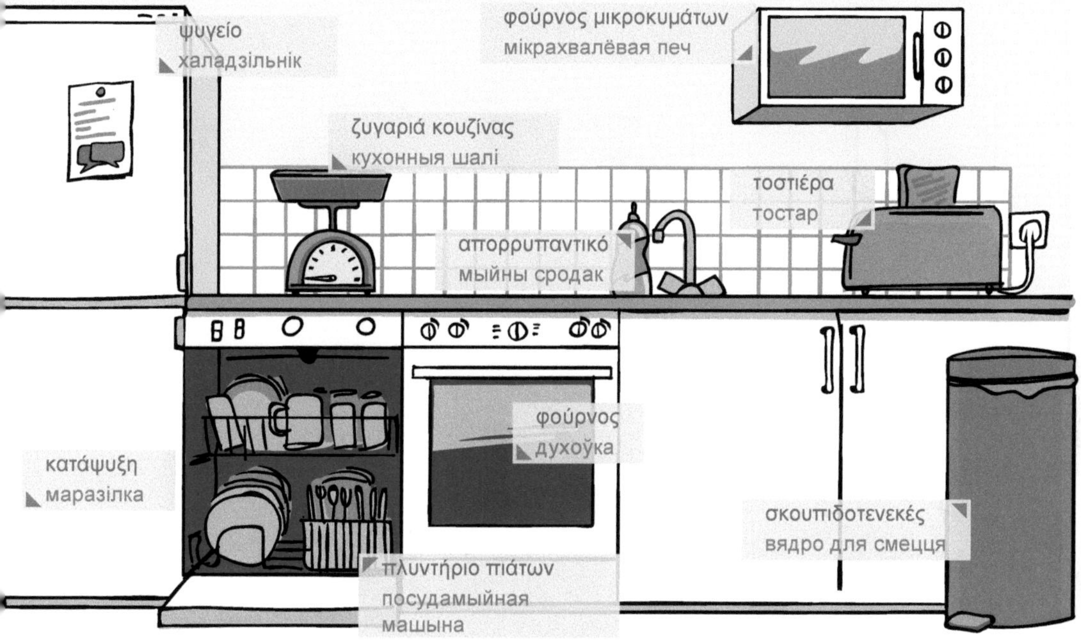

ψυγείο
халадзільнік
φούρνος μικροκυμάτων
мікрахвалёвая печ
ζυγαριά κουζίνας
кухонныя шалі
τοστιέρα
тостар
απορρυπαντικό
мыйны сродак
φούρνος
духоўка
κατάψυξη
маразілка
σκουπιδοτενεκές
вядро для смецця
πλυντήριο πιάτων
посудамыйная машына

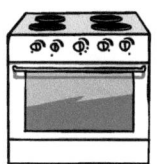

κουζίνα

плiта

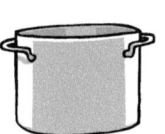

κατσαρόλα

рондаль

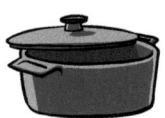

μαντεμένια κατσαρόλα

чыгунок

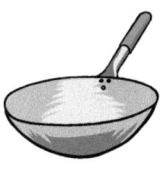

γουόκ/καντάι

Вок / кадаі

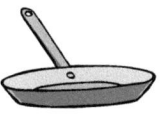

τηγάνι

патэльня

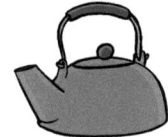

βραστήρας

чайнік

ατμομάγειρας

παραварка

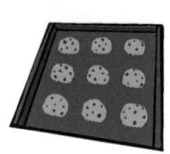

ταψί

бляха

πιατικά

посуд

κούπα

кубак

μπολ

міска

ξυλάκια

палачкі для ежы

κουτάλα

чарпак

σπάτουλα

лапатачка

ανακατεύω

збівалка

σουρωτήρι

сіта для варэння

σουρωτηράκι

сіта

τρίφτης

тарка

γουδί

ступка

ψησταριά

грыль

ανοιχτή φωτιά

вогнішча

σανίδα κοπής

δошка

κονσέρβα

бляшанка

νεροχύτης

ракавіна

μπλέντερ

міксер

βρύση

вадаправодны кран

πλάστης

качалка

ανοιχτήρι κονσέρβας

адкрывалка

βούρτσα

шчотка

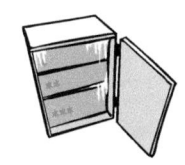

καταψύκτης

маразільная камера

ανοιχτήρι φελλών

штопар

γάντι φούρνου

прыхваткі

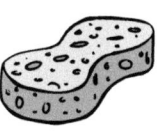

σφουγγάρι

губка

μπιμπερό

бутэлечка

μπάνιο

ванная

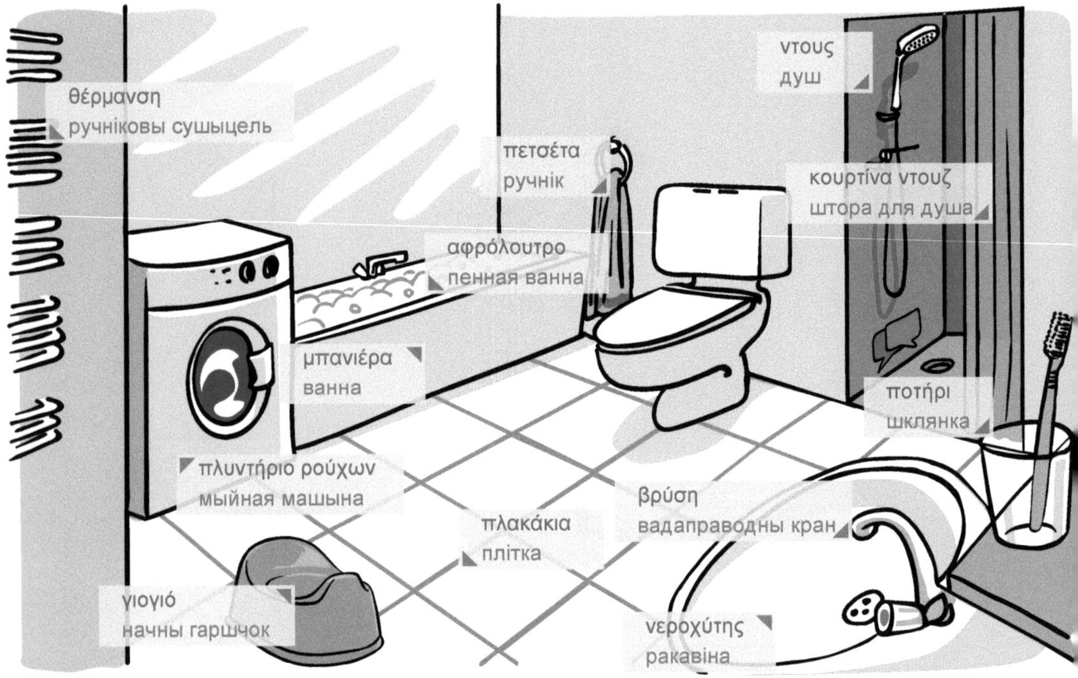

θέρμανση
ручніковы сушыцель
ντους
душ
πετσέτα
ручнік
κουρτίνα ντουζ
штора для душа
αφρόλουτρο
пенная ванна
μπανιέρα
ванна
ποτήρι
шклянка
πλυντήριο ρούχων
мыйная машына
βρύση
вадаправодны кран
πλακάκια
плітка
γιογιό
начны гаршчок
νεροχύτης
ракавіна

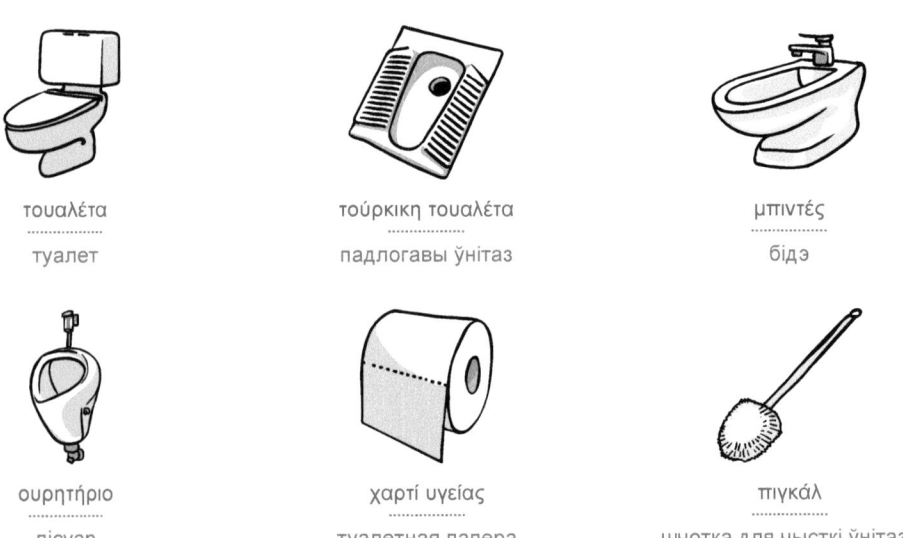

τουαλέτα

туалет

τούρκικη τουαλέτα

падлогавы ўнітаз

μπιντές

бідэ

ουρητήριο

пісуар

χαρτί υγείας

туалетная папера

πιγκάλ

шчотка для чысткі ўнітаза

οδοντόβουρτσα

зубная шчотка

οδοντόκρεμα

зубная паста

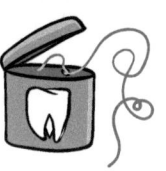

οδοντικό νήμα

зубная нітка

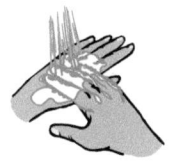

πλένω

мыць

τηλέφωνο ντους

ручны душ

ντουσιέρα

інтымны душ

λεκάνη

умывальнік

βούρτσα πλάτης

шчотка для спіны

σαπούνι

мыла

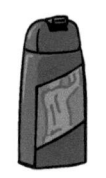

αφρόλουτρο

гель для душа

σαμπουάν

шампунь

φανέλα

вяхотка

σιφόνι

вадасцёк

κρέμα

крэм

αποσμητικό

дэзадарант

καθρέφτης

люстэрка

καθρέφτης χειρός

касметычнае люстэрка

ξυραφάκι

станок для галення

αφρός ξυρίσματος

пена для галення

αφτερσέιβ

ласьён пасля галення

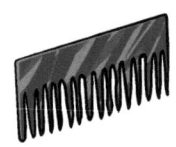

χτένα

грэбень

βούρτσα

шчотка

σεσουάρ

фен

λακ

лак для валасоў

μακιγιάζ

касметыка

κραγιόν

памада

βερνίκι νυχιών

лак для пазногцяў

βαμβάκι

вата

ψαλίδι νυχιών

манікюрныя нажніцы

άρωμα

духі

νεσεσέρ

касметычка

σκαμπό

табурэтка

ζυγαριά

вагі

μπουρνούζι

лазневы халат

ελαστικά γάντια

санітарныя пальчаткі

ταμπόν

тампон

πετσέτα υγιεινής

гігіенічныя пракладкі

χημική τουαλέτα

біятуалет

παιδικό δωμάτιο

дзіцячы пакой

ξυπνητήρι
будзільнік
λούτρινο ζωάκι
мяккая цацка
αυτοκινητάκι
цацачная машынка
κουδουνίστρα
бразготка
κουκλόσπιτο
лялечны домік
δώρο
падарунак

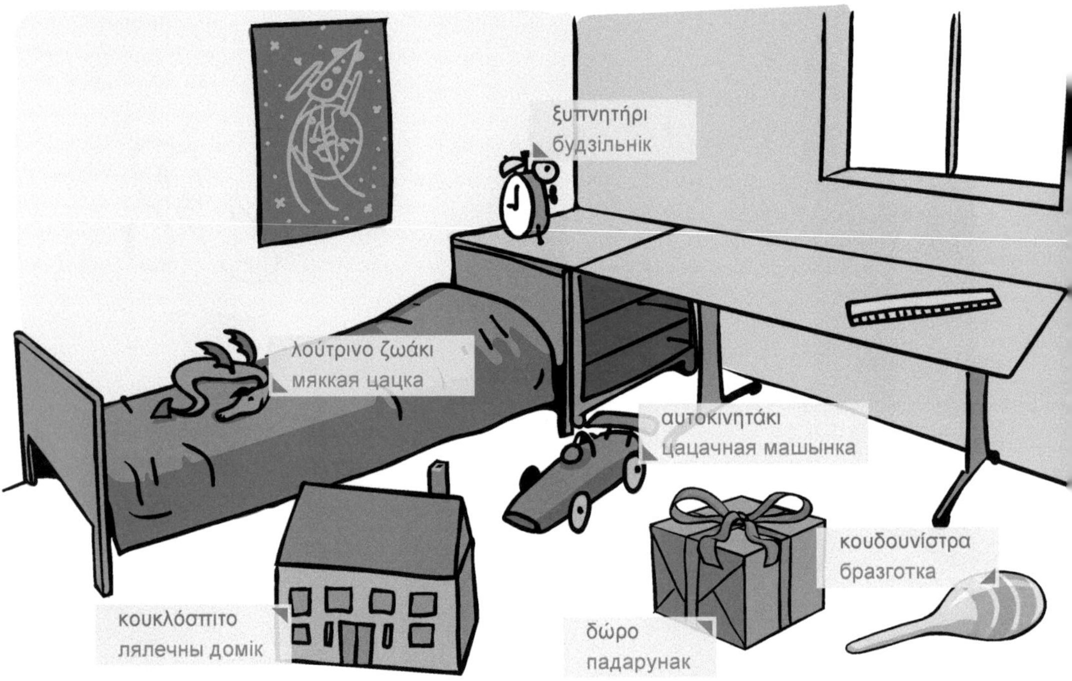

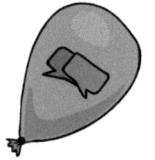

μπαλόνι

надзіманы шарык

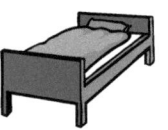

κρεβάτι

ложак

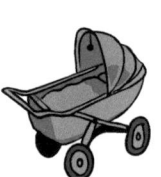

καροτσάκι

дзіцячая каляска

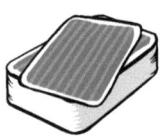

τράπουλα

калода картаў

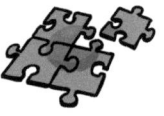

παζλ

пазл

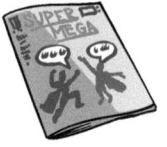

κόμικς

комікс

τουβλάκια lego

κанструктар "Лега"

τουβλάκια κατασκευών

канструктар

φιγούρα δράσης

экшэн-фігурка

βρεφικό φορμάκι

дзіцячы гарнітур

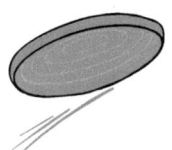

φρίσμπι

фрызбі

μόμπιλο

дзіцячы мабіль

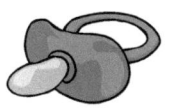

επιτραπέζιο παιχνίδι

настольная гульня

ζάρια

кубік

σετ τρενάκι

дзіцячая чыгунка

πιπίλα

пустышка

πάρτι

дзіцячае свята

εικονογραφημένο βιβλίο

кніга з малюнкамі

μπάλα

мячык

κούκλα

лялька

παίζω

гуляцца

σκάμμα με άμμο

πясочніца

κούνια

арэлі

παιχνίδια

цацкі

κονσόλα βιντεοπαιχνιδιών

гульнявая відэа прыстаўка

τρίκυκλο

трохколавы ровар

αρκουδάκι

плюшавы мішка

ντουλάπα

шафа

ρούχα

адзенне

κάλτσες

шкарпэткі

καλτσοδέτες

панчохі

καλσόν

калготкі

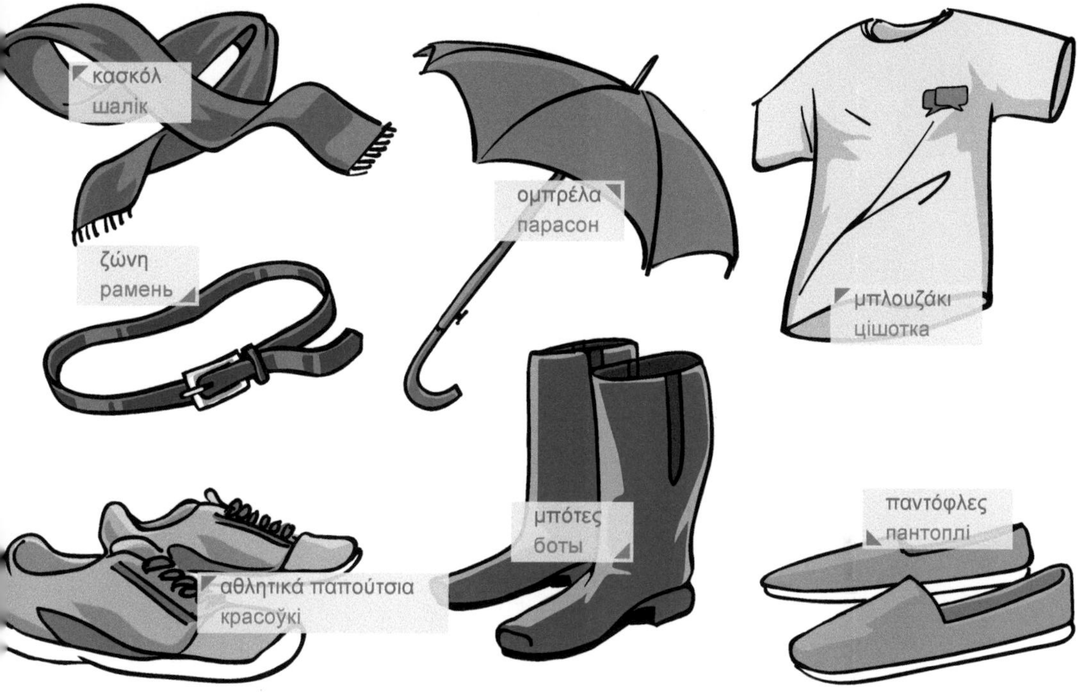

κασκόλ
шалік

ζώνη
рамень

ομπρέλα
парасон

μπλουζάκι
цішотка

αθλητικά παπούτσια
красоўкі

μπότες
боты

παντόφλες
пантоплі

σανδάλια
сандалі

παπούτσια
абутак

γαλότσες
гумовыя боты

εσώρουχο
трусы

σουτιέν
бюстгальтар

φανέλα
майка

ρούχα - адзенне

σώμα

бодзі

παντελόνι

штаны

τζιν παντελόνι

джынсы

φούστα

спадніца

μπλούζα

блузка

πουκάμισο

кашуля

πουλόβερ

джэмпер

πουλόβερ

талстоўка

σακάκι

блэйзер

μπουφάν

куртка

παλτό

паліто

αδιάβροχο πανωφόρι

дажджавік

κοστούμι

касцюм

φόρεμα

сукенка

νυφικό

вясельная сукенка

κοστούμι

касцюм

νυχτικό

начная сарочка

πιτζάμες

піжама

σάρι

сары

μαντήλι

хустка

τουρμπάνι

цюрбан

μπούρκα

паранджа

καφτάνι

каптан

μουσουλμανικό ένδυμα

Абая

ολόσωμο μαγιό

купальнік

ανδρικό μαγιό

плаўкі

σορτς

шорты

αθλητική φόρμα

спартыўны касцюм

ποδιά

фартух

γάντια

пальчаткі

κουμπί

гузік

γυαλιά

акуляры

βραχιόλι

бранзалет

περιδέραιο

каралі

δαχτυλίδι

кальцо

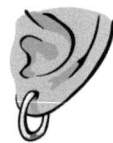

σκουλαρίκι

завушніца

καπέλο

кепка

κρεμάστρα

вешалка

καπέλο

капялюш

γραβάτα

гальштук

φερμουάρ

маланка

κράνος

шлем

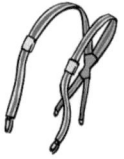

τιράντες

падцяжкі

μαθητική στολή

школьная форма

στολή

уніформа

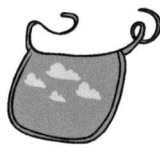

σαλιάρα

нагруднік

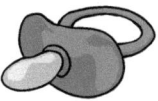

πιπίλα

пустышка

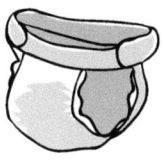

πάνα

падгузнік

γραφείο

офіс

σέρβερ
сервер
αρχειοθήκη
канцылярская шафа
εκτυπωτής
прынтэр
χαρτί
папера
οθόνη
манітор
ποντίκι
мыш
γραφείο
пісьмовы стол
ντοσιέ
тэчка
πληκτρολόγιο
клавіятура
καλάθι αχρήστων
смеццевы кошык
υπολογιστής
камптар
καρέκλα
крэсла

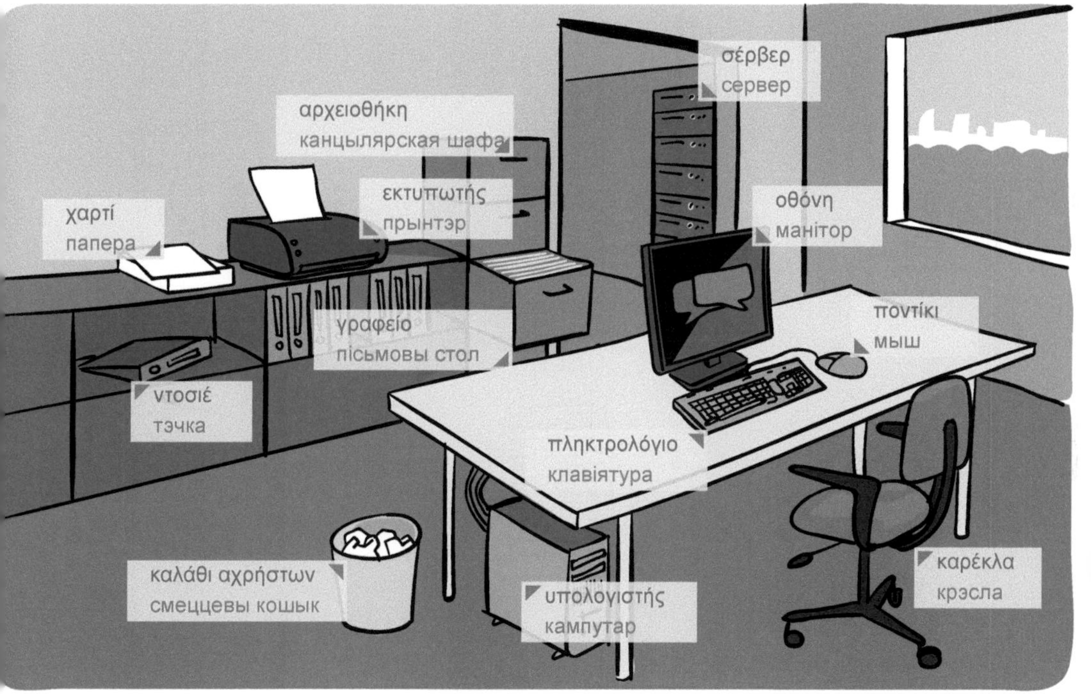

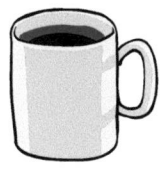

κούπα του καφέ

кубак для кавы (філіжанка)

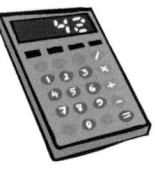

κομπιουτεράκι

калькулятар

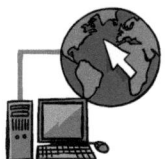

ίντερνετ

інтэрнэт

λάπτοπ

ноўтбук

γράμμα

ліст

μήνυμα

паведамленне

κινητό

мабільны тэлефон

δίκτυο

сетка

φωτοτυπικό μηχάνημα

ксеракс

λογισμικό

праграмнае забеспячэнне

τηλέφωνο

тэлефон

πρίζα

разетка

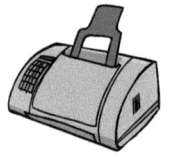

συσκευή φαξ

факс

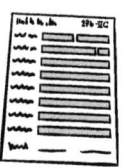

έντυπο

фармуляр

έγγραφο

дакумент

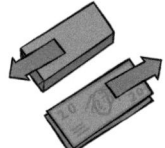

αγοράζω
купляць

πληρώνω
плаціць

συναλλάσσομαι
гандляваць

χρήματα
грошы

δολάριο
долар

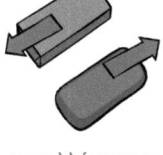

ευρώ
еўра

γιεν
ена

ρούβλι
рубель

ελβετικό φράγκο
франк

ρενμίνμπι γιουάν
кітайскі юань

ρουπία
рупія

ATM (αυτόματη ταμειακή μηχανή)
банкамат

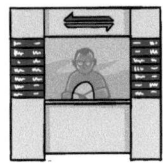

ανταλλακτήρια
συναλλάγματος

абменны пункт

χρυσός

золата

ασήμι

срэбра

πετρέλαιο

нафта

ενέργεια

энергія

τιμή

цана

συμβόλαιο

кантракт

φόρος

падатак

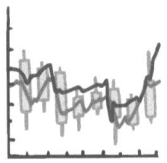

μετοχή

акцыя

δουλεύω

працаваць

υπάλληλος

служачы

εργοδότης

працадаўца

εργοστάσιο

фабрыка

κατάστημα

крама

επαγγέλματα
прафесіі

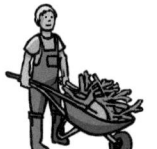

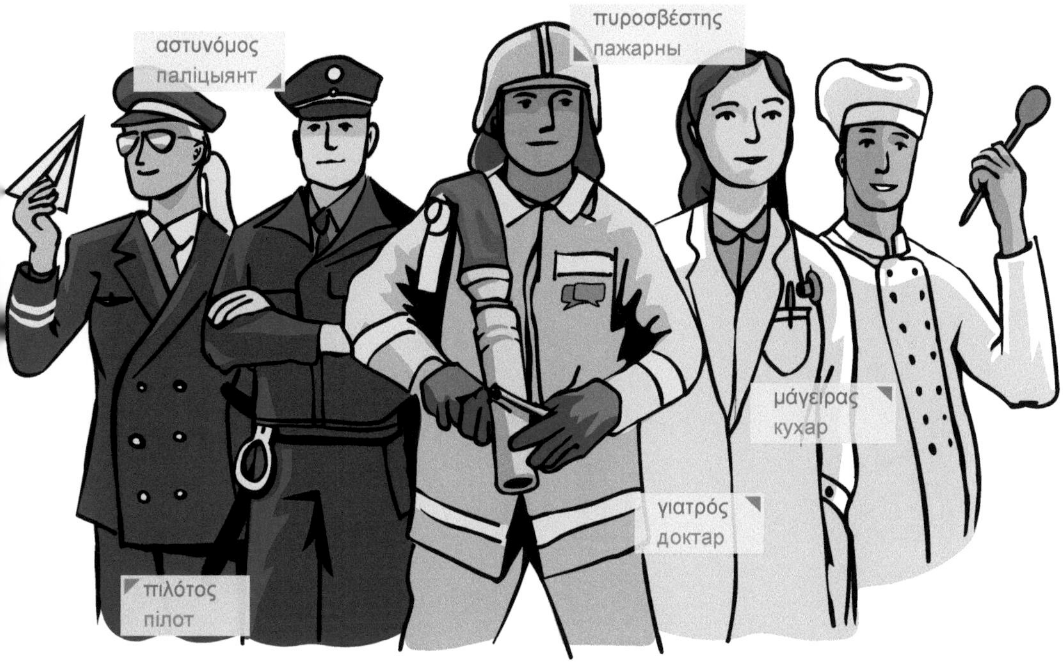
αστυνόμος
паліцыянт
πυροσβέστης
пажарны
μάγειρας
кухар
γιατρός
доктар
πιλότος
пілот

κηπουρός
садоўнік

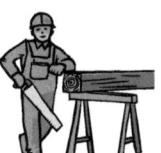

ξυλουργός
слесар

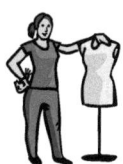

μοδίστρα
швачка

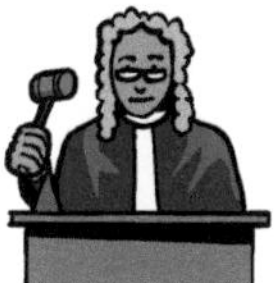

δικαστής
суддзя

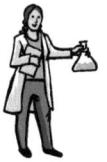

χημικός
хімік

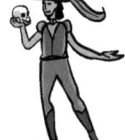

ηθοποιός
артыст

οδηγός λεωφορείου

κіроўца аўтобуса

ταξιτζής

таксіст

ψαράς

рыбак

καθαρίστρια

прыбіральшчыца

τεχνίτης στεγών

страхар

σερβιτόρος

афіцыянт

κυνηγός

паляўнічы

ζωγράφος

мастак

αρτοποιός

пекар

ηλεκτρολόγος

электрык

οικοδόμος

будаўнік

μηχανολόγος

інжынер

κρεοπώλης

мяснік

υδραυλικός

сантэхнік

ταχυδρόμος

паштальён

στρατιώτης

салдат

αρχιτέκτονας

архітэктар

ταμίας

касір

ανθοπώλης

фларыст

κομμωτής

цырульнік

ελεγκτής εισιτηρίων

кандуктар

μηχανικός

механік

καπετάνιος

капітан

οδοντίατρος

стаматолаг

επιστήμονας

вучоны

ραβίνος

рабін

ιμάμης

імам

μοναχός

манах

ιερέας

святар

σφυρί
μαλατοκ

πένσα
πλασκагубцы

κατσαβίδι
адвёртка

Γαλλικό κλειδί
гаечны ключ

φακός
ліхтарык

εκσκαφέας

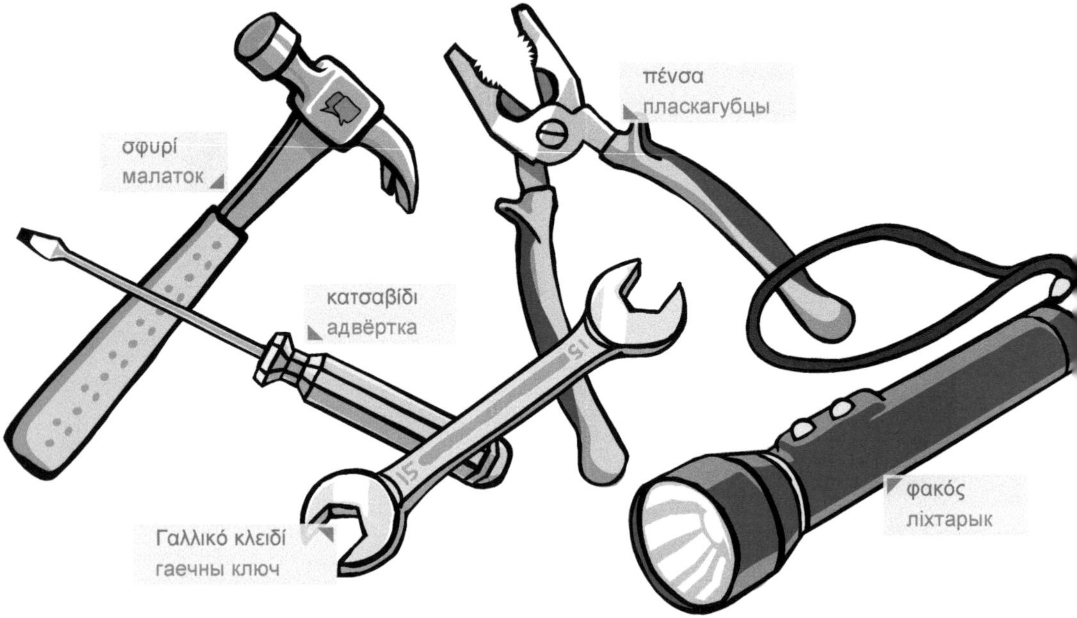

экскаватар

εργαλειοθήκη

скрыня для інструментаў

σκάλα

дравіны

πριόνι

піла

καρφιά

цвікі

τρυπάνι

дрыль

επισκευάζω
....
рамантаваць

φτυάρι
....
рыдлеўка

Να πάρει!
....
Халера!

φαράσι
....
шуфлік для смецця

δοχείο χρωμάτων
....
вядро з фарбаю

βίδες
....
балты

μουσικά όργανα

музычныя інструменты

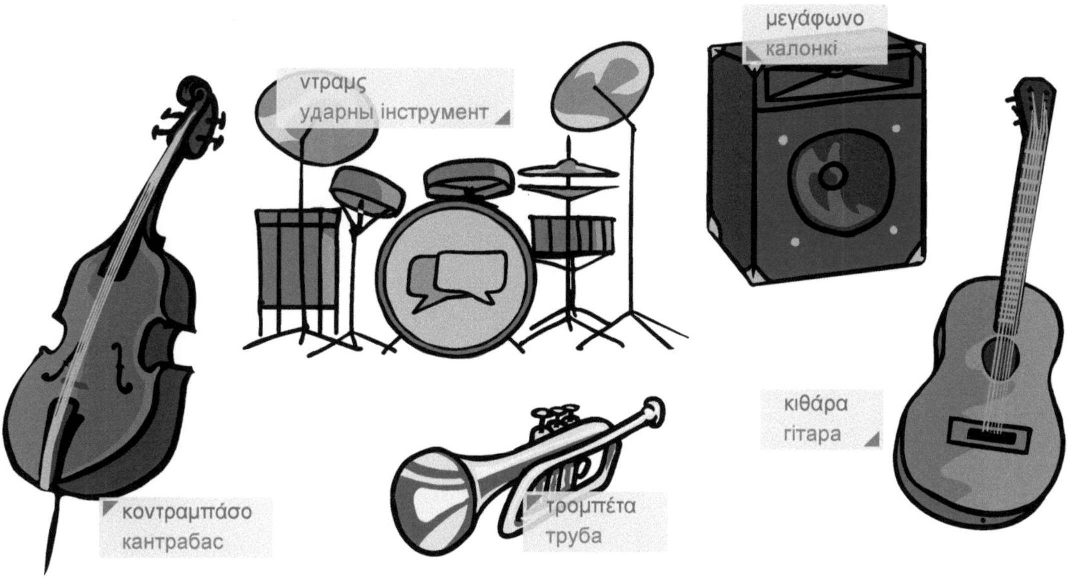

ντραμς
ударны інструмент ◢

μεγάφωνο
калонкі

κιθάρα
гітара ◢

κοντραμπάσο
кантрабас

τρομπέτα
труба

πιάνο

піяніна

βιολί

скрыпка

μπάσο

басгітара

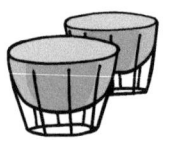

τύμπανα

літаўры

τύμπανο

барабан

πλήκτρα

клавішны электрамузычны інструмент

σαξόφωνο

саксафон

φλάουτο

флейта

μικρόφωνο

мікрафон

μουσικά όργανα - музычныя інструменты

ζωολογικός κήπος

заапарк

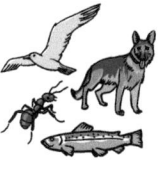

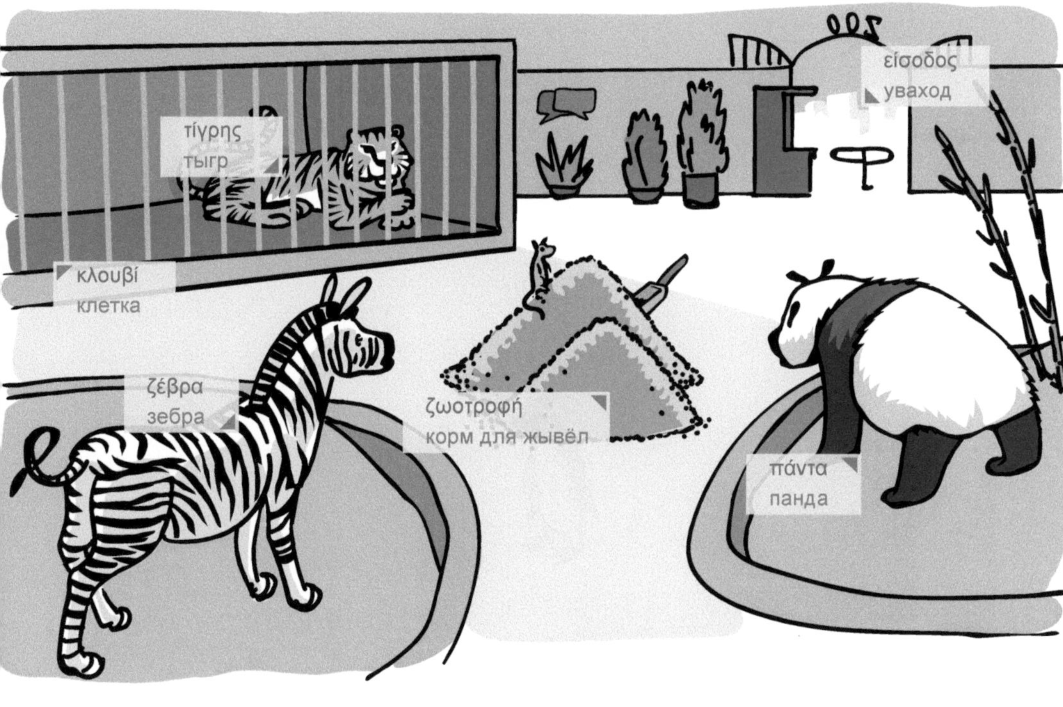

είσοδος
уваход
τίγρης
тыгр
κλουβί
клетка
ζέβρα
зебра
ζωοτροφή
корм для жывёл
πάντα
панда

ζώα

жывёлы

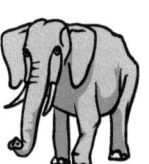

ελέφαντας

слон

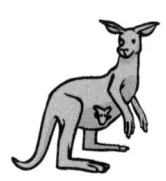

καγκουρό

кенгуру

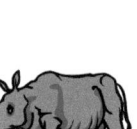

ρινόκερος

насарог

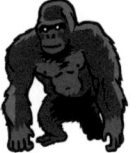

γορίλας

гарыла

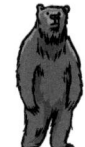

αρκούδα

мядзведзь

καμήλα

вярблюд

στρουθοκάμηλος

стравус

λιοντάρι

леў

πίθηκος

малпа

φλαμίνγκο

фламінга

παπαγάλος

папугай

πολική αρκούδα

белы мядзведзь

πιγκουίνος

пінгвін

καρχαρίας

акула

παγώνι

паўлін

φίδι

змяя

κροκόδειλος

кракадзіл

φύλακας ζωολογικού κήπου

наглядчык заапарка

φώκια

цюлень

τζάγκουαρ

ягуар

πόνυ

поні

λεοπάρδαλη

леапард

ιπποπόταμος

бегемот

καμηλοπάρδαλη

жыраф

αετός

арол

αγριογούρουνο

дзік

ψάρι

рыбак

χελώνα

чарапаха

θαλάσσιος ίππος

морж

αλεπού

ліса

γαζέλα

газель

Αμερικάνικο ποδόσφαιρο
амерыканскі футбол

ποδηλασία
веласпорт

αντισφαίριση
тэніс

μπάσκετ
баскетбол

κολύμβηση
плаванне

πυγμαχία
бокс

χόκεϊ επί πάγου
хакей з шайбай

ποδόσφαιρο
футбол

μπάντμιντον
бадмінтон

στίβος
лёгкая атлетыка

χάντμπολ
гандбол

σκι
горныя лыжы

πόλο
пола

πηδάω
скакаць

αγκαλιάζω
абдымаць

γελάω
смяяцца

περπατάω
ісці

τραγουδάω
спяваць

ονειρεύομαι
марыць

προσεύχομαι
маліцца

φιλάω
цалаваць

γράφω
пісаць

σχεδιάζω
маляваць

δείχνω
паказваць

πιέζω
націснуць

δίνω
даваць

παίρνω
браць

έχω

маць

κάνω

выконваць

είμαι

быць

στέκομαι

стаяць

τρέχω

бегчы

τραβάω

цягнуць

ρίχνω

кідаць

πέφτω

падаць

ξαπλώνω

ляжаць

περιμένω

чакаць

κουβαλώ

насіць

κάθομαι

сядзець

φοράω

апранацца

κοιμάμαι

спаць

ξυπνάω

прачынацца

κοιτάω

глядзець

κλαίω

плакаць

χαϊδεύω

лашчыць

χτενίζω

прычэсвацца

μιλάω

гаварыць

καταλαβαίνω

разумець

ρωτάω

пытаць

ακούω

чуць

πίνω

піць

τρώω

есці

συγυρίζω

прыбіраць

αγαπάω

кахаць

μαγειρεύω

гатаваць

οδηγώ

ехаць

πετάω

лятаць

κάνω ιστιοπλοΐα
плаваць пад ветразем

υπολογίζω
лічыць

διαβάζω
чытаць

μαθαίνω
вучыць

δουλεύω
працаваць

παντρεύομαι
уступаць у шлюб

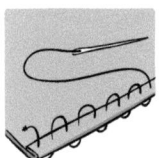

ράβω
шыць

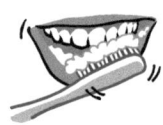

βουρτσίζω τα δόντια
чысціць зубы

σκοτώνω
забіваць

καπνίζω
курыць

στέλνω
пасылаць

οικογένεια

сям'я

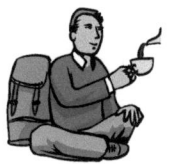

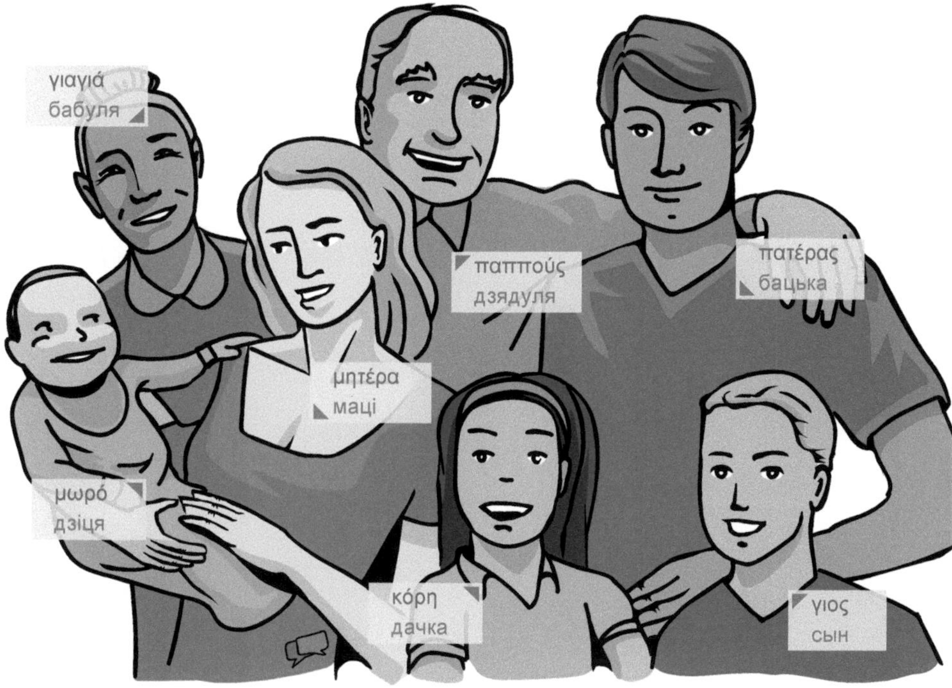
γιαγιά
бабуля
παππούς
дзядуля
πατέρας
бацька
μητέρα
маці
μωρό
дзіця
κόρη
дачка
γιος
сын

καλεσμένος

госць

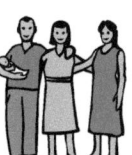

θεία

цётка

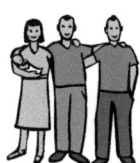

θείος

дзядзька

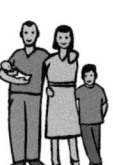

αδελφός

брат

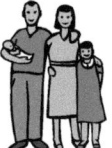

αδελφή

сястра

σώμα

цела

μέτωπο
лоб
μάτι
вока
ώμος
плячо
δάχτυλο
палец
πρόσωπο
твар
πιγούνι
падбародак
χέρι
рука
πόδι
нага
στήθος
грудзі
βραχίονας
рука

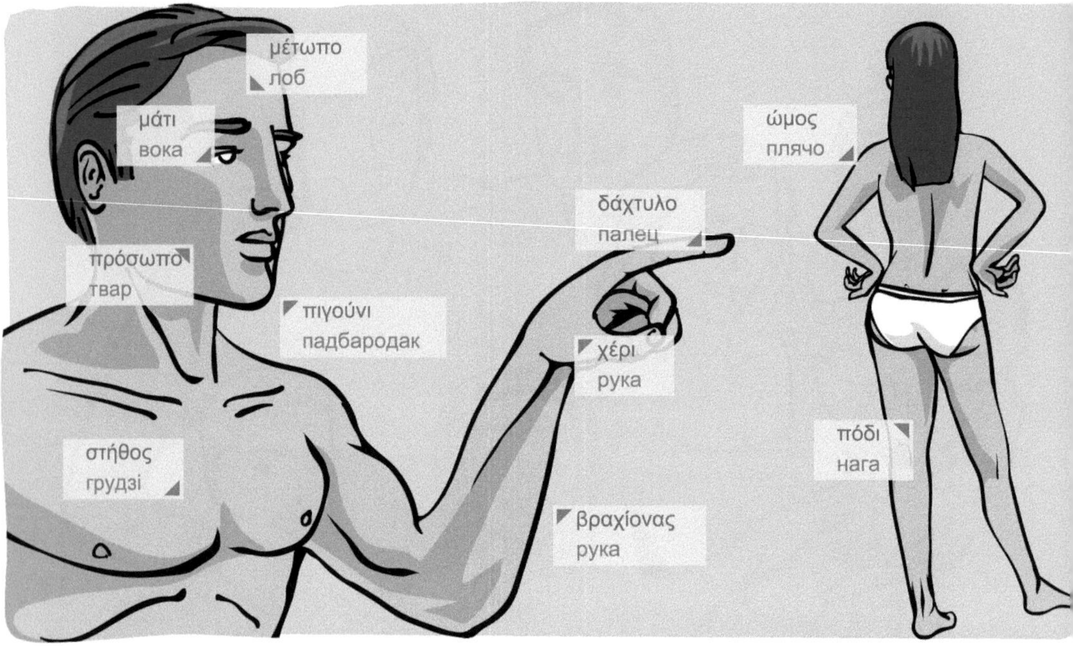

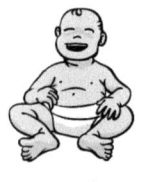

μωρό

дзіця

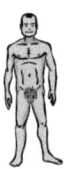

άνδρας

мужчына

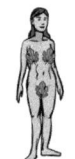

γυναίκα

жанчына

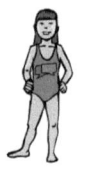

κορίτσι

дзяўчынка

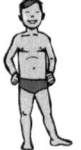

αγόρι

хлопчык

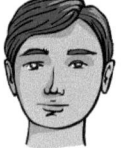

κεφάλι

галава

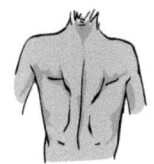

πλάτη

спіна

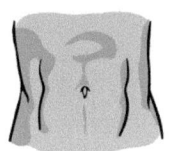

κοιλιά

жывот

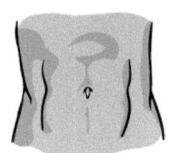

αφαλός

пуп

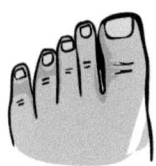

δάχτυλο ποδιού

палец нагі

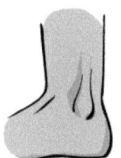

φτέρνα

пятка

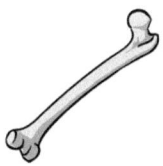

κόκκαλο

костка

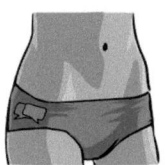

γοφός

бядро

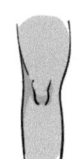

γόνατο

калена

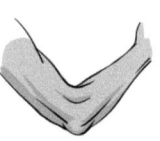

αγκώνας

локаць

μύτη

нос

γλουτός

ягадзіца

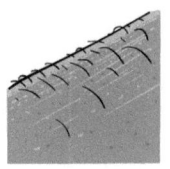

δέρμα

скура

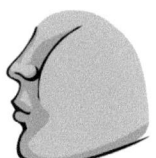

μάγουλο

шчака

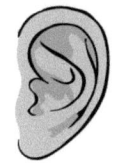

αυτί

вуха

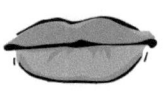

χείλος

губа

στόμα

рот

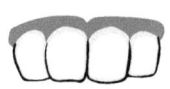

δόντι

зуб

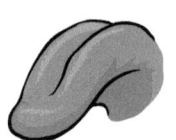

γλώσσα

язык

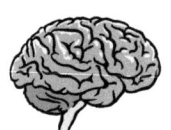

εγκέφαλος

галаўны мозг

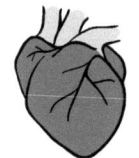

καρδιά

сэрца

μυς

мышца

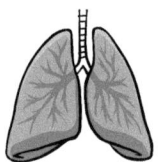

πνεύμονας

лёгкае

συκώτι

пячонка

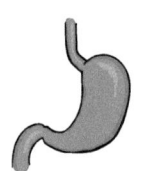

στομάχι

страўнік

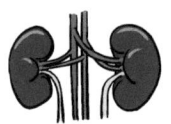

νεφρά

ныркі

σεξουαλική επαφή

сэкс

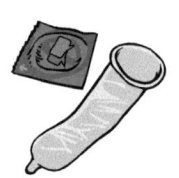

προφυλακτικό

прэзерватыў

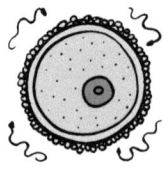

ωάριο

яйцаклетка

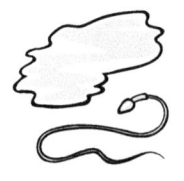

σπέρμα

сперма

εγκυμοσύνη

цяжарнасць

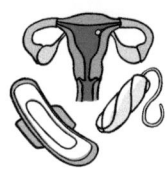

περίοδος

менструацыя

γυναικείος κόλπος

похва

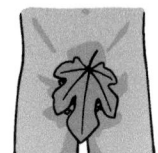

πέος

пеніс

φρύδι

брыво

μαλλιά

валасы

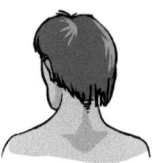

λαιμός

шыя

σώμα - цела

νοσοκομείο

шпіталь

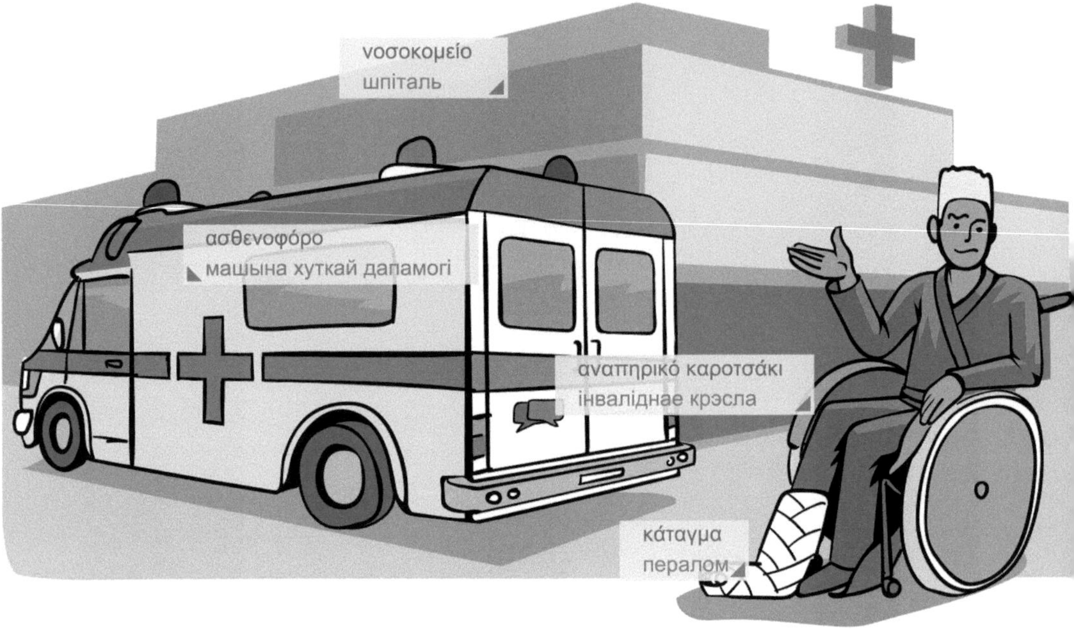

νοσοκομείο
шпіталь
ασθενοφόρο
машына хуткай дапамогі
αναπηρικό καροτσάκι
інваліднае крэсла
κάταγμα
пералом

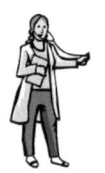

γιατρός

доктар

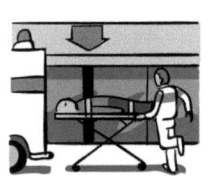

μονάδα εντατικής θεραπείας

аддзяленне першай дапамогі

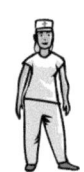

νοσοκόμα

медсястра

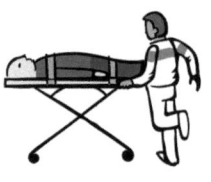

έκτακτη ανάγκη

экстраная дапамога

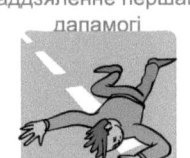

λιπόθυμος

непрытомны

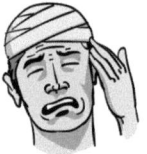

πόνος

боль

τραύμα

траўма

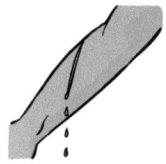

αιμορραγία

крывацёк

έμφραγμα

інфаркт

εγκεφαλικό

апаплексія

αλλεργία

алергія

βήχας

кашаль

πυρετός

гарачка

γρίπη

грып

διάρροια

панос

πονοκέφαλος

галаўны боль

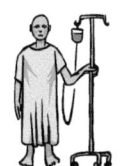

καρκίνος

рак

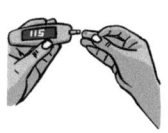

διαβήτης

дыябет

χειρουργός

хірург

νυστέρι

скальпель

εγχείρηση

аперацыя

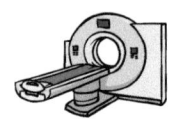

αξονική τομογραφία

KT

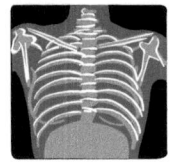

ακτινογραφία

рэнтген

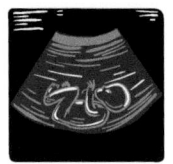

υπέρηχος

ультрагук

μάσκα

маска

ασθένεια

хвароба

αίθουσα αναμονής

пачакальня

πατερίτσα

мыліца

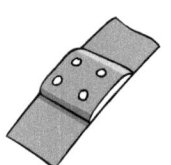

χάνσαπλαστ

пластыр

επίδεσμος

бінт

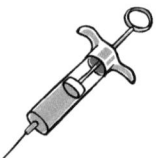

ένεση

ін'екцыя

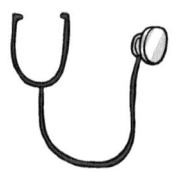

στηθοσκόπιο

стэтаскоп

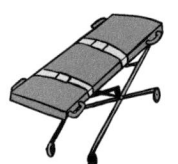

φορείο

насілкі

θερμόμετρο

градуснік

γέννηση

нараджэнне

υπέρβαρο

лішняя вага

ακουστικό βαρηκοΐας

слухавы апарат

αντισηπτικό

дэзінфекцыйны сродак

λοίμωξη

інфекцыя

ιός

вірус

HIV/AIDS

ВІЧ/СНІД

φάρμακο

лекі

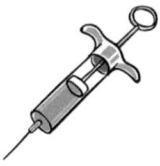

εμβολιασμός

прышчэпка

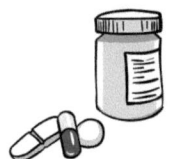

δισκία

таблеткі

χάπι

супрацьзачаткавая таблетка

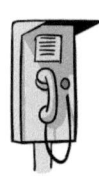

κλήση έκτακτης ανάγκης

экстраны выклік

πιεσόμετρο αίματος

танометр

άρρωστος / υγιής

хворы / здаровы

Βοήθεια!

Ратуйце!

συναγερμός

сігналізацыя

βιαιοπραγία

напад

επίθεση

атака

κίνδυνος

небяспека

έξοδος κινδύνου

аварыйны выхад

Φωτιά!

Пажар!

πυροσβεστήρας

вогнетушыцель

ατύχημα

аварыя

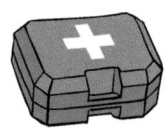

κουτί πρώτων βοηθειών

аптэчка

SOS

СОС

αστυνομία

паліцыя

Ευρώπη

Еўропа

Βόρεια Αμερική

Паўночная Амерыка

Νότια Αμερική

Паўднёвая Амерыка

Αφρική

Афрыка

Ασία

Азія

Αυστραλία

Аўстралія

Ατλαντικός Ωκεανός

Атлантычны акіян

Ειρηνικός Ωκεανός

Ціхі акіян

Ινδικός Ωκεανός

Індыйскі акіян

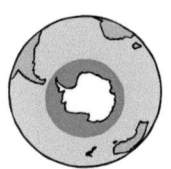

Ανταρκτικός Ωκεανός

Паўднёвы ледавіты акіян

Αρκτικός Ωκεανός

Паўночны ледавіты акіян

Βόρειος Πόλος

Паўночны полюс

Νότιος Πόλος

Паўднёвы полюс

Ανταρκτική

Антарктыда

Γη

Зямля

γη

краіна

θάλασσα

мора

νησί

востраў

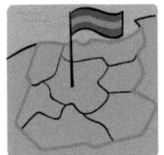

έθνος

нацыя

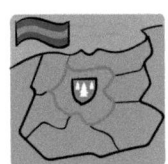

πολιτεία

дзяржава

κανтράν ρολογιού

цыферблат

ωροδείκτης

гадзінная стрэлка

λεπτοδείκτης

хвілінная стрэлка

δείκτης δευτερολέπτων

секундная стрэлка

Τι ώρα είναι;

Колькі часу?

ημέρα

дзень

χρόνος

час

τώρα

зараз

ψηφιακό ρολόι

электронны гадзіннік

λεπτό

хвіліна

ώρα

гадзіна

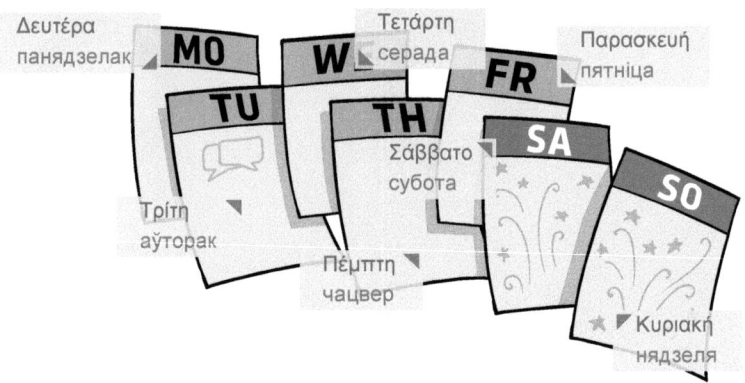

Δευτέρα
панядзелак — MO

Τετάρτη
W серада

Παρασκευή
пятніца — FR

TU

TH

SA

SO

Τρίτη
аўторак

Σάββατο
субота

Πέμπτη
чацвер

Κυριακή
нядзеля

χθες

ўчора

σήμερα

сёння

αύριο

заўтра

πρωί

раніца

μεσημέρι

абед

βράδυ

вечар

MO	TU	WE	TH	FR	SA	SU
1	2	3	4	5	6	7
8	9	10	11	12	13	14
15	16	17	18	19	20	21
22	23	24	25	26	27	28
29	30	31	1	2	3	4

εργάσιμες ημέρες

працоўныя дні

MO	TU	WE	TH	FR	SA	SU
1	2	3	4	5	6	7
8	9	10	11	12	13	14
15	16	17	18	19	20	21
22	23	24	25	26	27	28
29	30	31	1	2	3	4

Σαββατοκύριακο

выхадныя

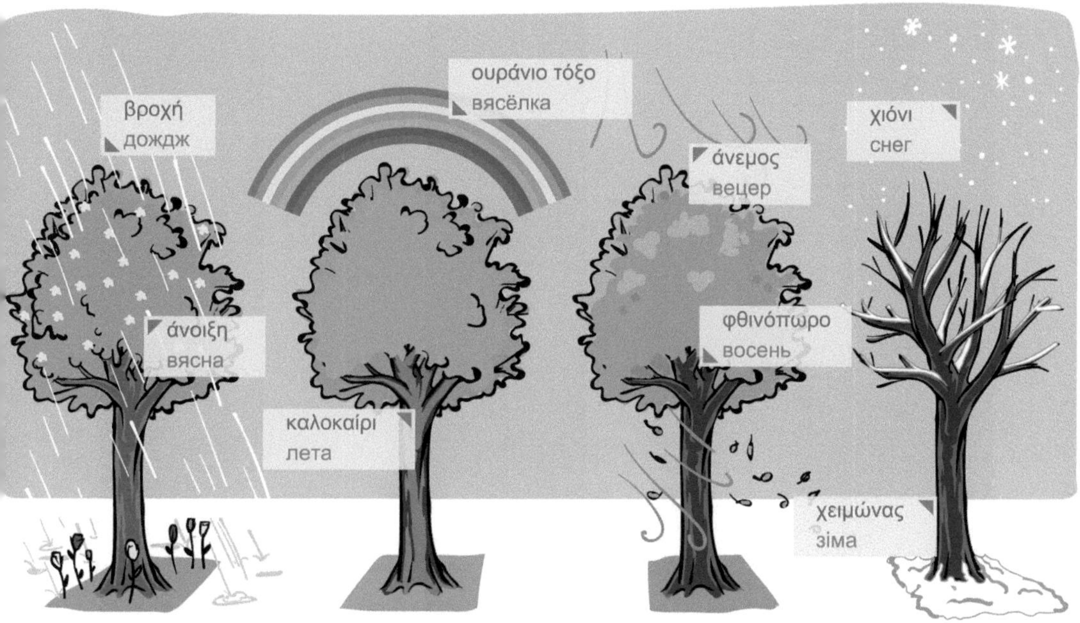

βροχή
дождж
ουράνιο τόξο
вясёлка
χιόνι
снег
άνεμος
вецер
άνοιξη
вясна
φθινόπωρο
восень
καλοκαίρι
лета
χειμώνας
зіма

4.APRIL 11°
5.APRIL 4°
6.APRIL 13°
7.APRIL 8°
8.APRIL 10°

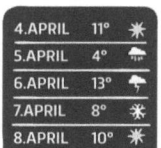

πρόγνωση καιρού

прагноз надвор'я

F
C
120
90
60
30
0
-30
40
30
20
10
0
-10
-20

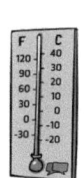

θερμόμετρο

градуснік

λιακάδα

сонечнае святло

σύννεφο

воблака

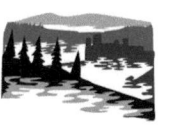

ομίχλη

туман

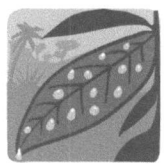

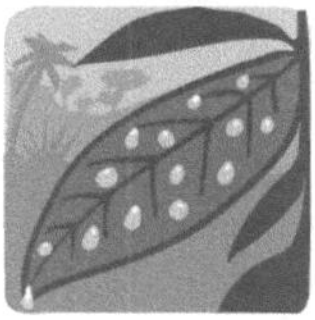

υγρασία

вільготнасць паветра

αστραπή
....
маланка

κεραυνός
....
гром

καταιγίδα
....
бура

χαλάζι
....
град

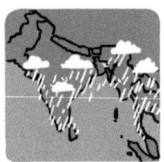

μουσώνας
....
мусонны вецер

πλημμύρα
....
прыліў

πάγος
....
лёд

Ιανουάριος
....
студзень

Φεβρουάριος
....
люты

Μάρτιος
....
сакавік

Απρίλιος
....
красавік

Μάιος
....
май

Ιούνιος
....
чэрвень

Ιούλιος
....
ліпень

Αύγουστος
....
жнівень

έτος - год

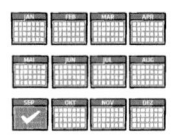

Σεπτέμβριος
....
верасень

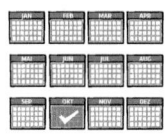

Οκτώβριος
....
кастрычнік

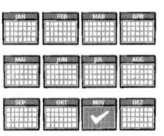

Νοέμβριος
....
лістапад

Δεκέμβριος
....
снежань

σχήματα
формы

κύκλος
....
круг

τετράγωνο
....
квадрат

ορθογώνιο
παραλληλόγραμμο
прамавугольнік

τρίγωνο
....
трохвугольнік

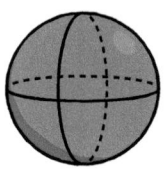

σφαίρα
....
шар

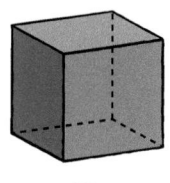

κύβος
....
куб

άσπρο

белы

κίτρινο

жоўты

πορτοκαλί

аранжавы

ροζ

ружовы

κόκκινο

чырвоны

μωβ

фіялетавы

μπλε

сіні

πράσινο

зялёны

καφέ

карычневы

γκρι

шэры

μαύρο

чорны

πολύ / λίγο

шмат / мала

θυμωμένος / ήρεμος

злы / добры

όμορφος / άσχημος

прыгожы / брыдкі

αρχή / τέλος

пачатак / канец

μεγάλος / μικρός

высокі / малы

φωτεινός / σκοτεινός

светлы / цёмны

αδελφός / αδελφή

сястра / брат

καθαρός / λερωμένος

чысты / брудны

πλήρης / ατελής

поўны / няпоўны

ημέρα / νύχτα

дзень / ноч

νεκρός / ζωντανός

мёртвы / жывы

φαρδύς / στενός

шырокі / вузкі

βρώσιμος / μη βρώσιμος

ядомы / неядомы

κακός / ευγενικός

злы / добры

ενθουσιασμένος / βαριεστημένος

узбуджаны / нудны

παχύς / λεπτός

тоўсты / тонкі

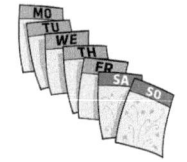

πρώτος / τελευταίος

першы / апошні

φίλος / εχθρός

сябар / вораг

γεμάτος / άδειος

поўны / пусты

σκληρός / μαλακός

цвёрды / мяккі

βαρύς / ελαφρύς

важкі / лёгкі

πείνα / δίψα

голад / смага

άρρωστος / υγιής

хворы / здаровы

παράνομος / νόμιμος

нелегальны / легальны

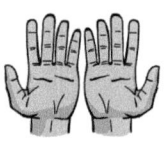

έξυπνος / χαζός

разумны / дурны

αριστερός / δεξιός

левы / правы

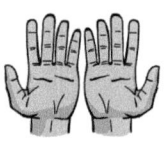

κοντινός / μακρινός

побач / далёка

καινούριος /
μεταχειρισμένος

νовы / былы ва ўжыванні

τίποτα / κάτι

нічога / нешта

γέρος | νέος

стары / малады

αναμμένος / σβηστός

укл / выкл

ανοιχτός / κλειστός

адчынены / зачынены

χαμηλόφωνος /
μεγαλόφωνος
ціхі / гучны

πλούσιος / φτωχός

багаты / бедны

σωστός / λανθασμένος

правільна / няправільна

τραχύς / λείος

шурпаты / гладкі

λυπημένος / χαρούμενος

сумны / шчаслівы

κοντός / μακρύς

кароткі / доўгі

αργός / γρήγορος

павольны / хуткі

υγρός / στεγνός

вільготны / сухі

ζεστός / δροσερός

цёплы / халаднаваты

πόλεμος / ειρήνη

вайна / мір

αντίθετα - супрацьлегласці

0

μηδέν

нуль

1

ένα

адзін

2

δύο

два

3

τρία

тры

4

τέσσερα

чатыры

5

πέντε

пяць

6

έξι

шэсць

7

εφτά

сем

8

οκτώ

восем

9

εννιά

дзевяць

10

δέκα

дзесяць

11

έντεκα

адзінаццаць

12

δώδεκα

дванаццаць

13

δεκατρία

трынаццаць

14

δεκατέσσερα

чатырнаццаць

15

δεκαπέντε

пятнаццаць

16

δεκαέξι

шаснаццаць

17

δεκαεφτά

сямнаццаць

18

δεκαοκτώ

васямнаццаць

19

δεκαεννέα

дзевятнаццаць

20

είκοσι

дваццаць

100

εκατό

сто

1.000

χίλια

тысяча

1.000.000

εκατομμύριο

мільён

Αγγλικά

английская

Αμερικάνικα Αγγλικά

английская (Амерыка)

Μανδαρίνικα Κινέζικα

кітайская мандарынская

Χίντι

хіндзі

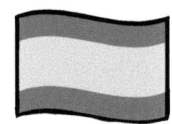

Ισπανικά

іспанская

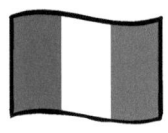

Γαλλικά

французская

Αραβικά

арабская

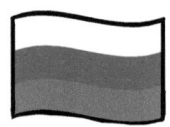

Ρώσικα

руская

Πορτογαλικά

партугальская

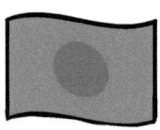

Μπενγκάλι

бенгальская

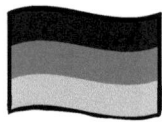

Γερμανικά

нямецкая

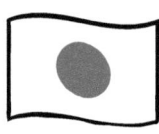

Ιαπωνικά

японская

εγώ

я

εσύ

ты

αυτός / αυτή / αυτό

ён / яна / яно

εμείς

мы

εσείς

вы

αυτοί / αυτές / αυτά

яны

ποιος / ποια / ποιο;

хто?

τι;

што?

πώς;

як?

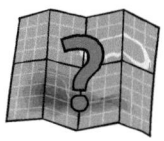

πού;

дзе?

πότε;

калі?

όνομα

імя

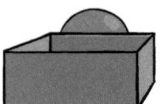

πίσω

за

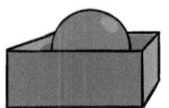

μέσα

у

μπροστά

перад

πάνω από

над

πάνω

на

κάτω

пад

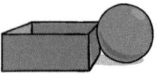

δίπλα

каля

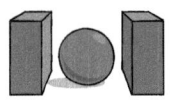

ανάμεσα

паміж

μέρος

месца